भानगढ़ की आत्मकथा

भानगढ़ की आत्मकथा:
एक ऐतिहासिक मूल्यांकन

सूरजभान भारद्वाज

PRIMUS BOOKS

PRIMUS BOOKS

An Imprint of Ratna Sagar P. Ltd.
Virat Bhavan
Mukherjee Nagar Commercial Complex
Delhi 110 009

Offices at

CHENNAI LUCKNOW
AGRA AHMEDABAD BANGALORE COIMBATORE
DEHRADUN GUWAHATI HYDERABAD JAIPUR JALANDHAR
KANPUR KOCHI KOLKATA MADURAI MUMBAI
PATNA RANCHI VARANASI

First Published 2025

ISBN: 978-93-6627-387-7 (hardback)
ISBN: 978-93-6627-845-2 (PoD)

Published by Primus Books

Typeset by Manmohan Kumar
manmohankumar2015@gmail.com

विषय सूची

परिचय

कुछ वर्ष पहले हम अपने मित्रों के साथ सरिस्का होते हुए नीलकण्ठ महादेव का मन्दिर देखने गए थे। मन्दिर पहुंचने के लिए एक ऊंची पहाड़ी से होकर जाना पड़ता था। सड़क टूटी–फूटी होने के कारण गाड़ी से पहुंचना मुश्किल था, इसलिए काफ़ी रास्ता पैदल चलकर ही पार किया। पहाड़ी के दूसरी तरफ मन्दिर बना हुआ था। मन्दिर के आसपास जैन धर्म और गौतम बुद्ध की टूटी हुई प्रतिमायें बिखरी पड़ी थीं। इसके आसपास के परिवेश को देखने से लगता था कि यह भारतीय इतिहास की एक महत्त्वपूर्ण जगह रही होगी। दरअसल 910 ई. में मंथनदेव बड़गूज्जर राजा ने महादेव के मन्दिर का निर्माण करवाया था। यह जगह राजोरगढ़ के नाम से जानी जाती थी, जो बड़गूज्जर राजाओं की राजधानी होती थी। परम्परागत रूप से इस इलाके में मीणा व गूज्जर जाति के लोगों का वर्चस्व रहा है। आज भी नीलकण्ठ महादेव के मन्दिर के पुजारी मीणा जाति के लोग होते रहे हैं। हालांकि

मन्दिर का रखरखाव Archaeological Survey of India की देखरेख में होता है। वहां पर काम करने वाले कर्मचारियों ने हमें भानगढ़ के बारे में बताया। उन्होंने कहा कि आप लोग इतिहास के जानकार हो इसलिए आप लोगों को भानगढ़ जाकर देखना चाहिए कि किस प्रकार एक मध्यकालीन फलता–फूलता कस्बा खंडहर में तब्दील हो गया। इससे हमारी भानगढ़ देखने की इच्छा काफ़ी बढ़ गई। मगर हमें नीलकण्ठ महादेव पर देर हो गई थी। इसलिए हम उस दिन वापस अलवर आ गये। अगले दिन हम गाज़ी का थाणा होते हुए भानगढ़ पहुंचे। भानगढ़ और अजबगढ़ के बीच पहाड़ियों की श्रृंखलाओ का गजब नजारा था। आपको लगेगा कि आप कहीं तराई के इलाके से गुज़र रहे हैं। गोला का बांस पहुंचकर हमें बताया गया कि यहां से भानगढ़ दो किलोमीटर दूर है। भानगढ़ का पुराना साइनबोर्ड और सड़क को देखकर लगता था कि भानगढ़ कोई महत्त्वपूर्ण जगह नहीं है। गोला का बांस में पहले लोहें की खान होती थी। यहां पर अंग्रेजों के आने से पहले तक भट्टियों में लोहा तैयार किया जाता था। मगर अंग्रेज़ों ने यहां पर लोहा बनाने पर प्रतिबन्ध लगा दिया था। क्योंकि वे इंग्लैंड में बना हुआ लोहा भारत में बेचना चाहते थे।

वर्तमान में गोला का बांस में बड़ी संख्या में पत्थर तराशने वाले लोग रहते है, जो पत्थर की मूर्तियां बनाने और तराशने का काम करते है, यह सब देखने के बाद हम लोग जल्दी ही भानगढ़ में प्रविष्ट हुए। दूर–दूर तक

टूटी–फूटी इमारतें और बिखरे हुए खण्डहर दिखाई पड़े, जो भानगढ़ के इतिहास के साक्षी के रूप में विद्यमान हैं। भानगढ़ को तीन परिकोटों में विभाजित किया गया था। पहले में किला या रानी रत्नावती का महल बनाया गया था। दूसरे में मन्दिर और अधिकारियों के आवास बने हुए थे और तीसरा परिकोटा जिसमें शहर बसा हुआ था। वहां के एक स्थानीय गाइड ने बताया कि यह फलता–फूलता सम्पन्न शहर एक सेवड़ा के अभिशाप के कारण खण्डहर में तब्दील हो गया। दूसरी बात उन्होंने बताई कि शाम छह बजे भानगढ़ का दरवाज़ा बन्द कर दिया जाता है, क्योंकि छह बजे के बाद यहां पर भूत–प्रेतों का पहरा लगना शुरू हो जाता है। खैर! भानगढ़ में घूमते–घूमते हमें काफ़ी देर हो गई थी। भानगढ़ से बान्दीकुंई के रास्ते हम देर रात तक वापस अपने घर आ गए। उसके बाद मेरे दिमाग में भानगढ़ की तस्वीर घूमती रहती थी। मेरा शोध कार्य मेवात का इलाका रहा है जिसमें अलवर ज़िले का अधिकांश हिस्सा शामिल था। भानगढ़ मेरे शोधकार्य में अछूता रहा, भानगढ़ अलवर जिले का आखिरी सीमान्त कस्बा है। शायद इसीलिए मुझे भानगढ़ की जानकारी नहीं थी। अब मैं भानगढ़ के इतिहास को समझने के लिए पूरे मन से लग गया। मैं हैरान था क्योंकि इतिहास की किताबों में भानगढ़ के इतिहास से सम्बधित सुचनाएं नहीं मिलती। James Tod द्वारा लिखित *The Annals and Antiquities of Rajasthan*, में भी भानगढ़ पर कुछ नहीं लिखा गया और न ही Alexander Cunningham ने *Archaeological*

Survey of India में कुछ लिखा। जबकि Cunningham ने भानगढ़ के आसपास के इलाके पर (राजगढ़, रजोरगढ़, टहला आदि) बहुत कुछ लिखा है जो पहले बड़गूज्जर राजाओं का इलाका था। Major Powlett ने अलवर के गज़ेटियर में थोड़ा–सा लिखा है। मुझे हैरानी इस बात की भी हुई कि राजस्थान के विश्वविद्यालयों में भानगढ़ पर कोई शोध कार्य नहीं हुआ। राजस्थान की आधुनिक पुस्तकों में भी भानगढ़ पूरी तरह से गायब है। देवीसिंह मंडावा ने अपनी पुस्तक *कच्छवाहों का इतिहास* में भानगढ़ की थोड़ी सी चर्चा की है। मैं इन तथ्यों को देखकर समझ गया था कि भानगढ़ के इतिहास पर काम करना कितना कठिन है। इसलिए कि शोधकर्ताओं द्वारा भानगढ़ पर कोई शोधकार्य नहीं हुआ है। मेरे लिए भी भानगढ़ के इतिहास पर काम करना एक बहुत बड़ी चुनौती थी।

भानगढ़ सत्रहवीं सदी में एक फलता–फूलता शहर था। टूटी–फूटी सैकड़ों दुकानें इस बात की गवाह थी कि यहां के महाजन और व्यापारी लोगों के पास बंजारो के काफ़िलों का खूब आवागमन होता था। इतना बड़ा व्यापारिक शहर किसी तान्त्रिक या सेवड़ा के अभिशाप से बर्बाद हो जाए, इस तरह की दलील को कोई इतिहासकार स्वीकार नहीं कर सकता। इसलिए उन कारणों की मुझे खोजबीन करनी थी कि आखिर भानगढ़ की बर्बादी कैसे हुई? जब मैं बीकानेर अभिलेखागार में अपने शोधकार्य के लिए जाता था, तब मुझे यह एहसास था कि भानगढ़ पर कुछ सामग्री मिल सकती है। इस कार्य के लिए मैं

बीकानेर अभिलेखागार दो बार गया। इसमें मैं सफ़ल हुआ। मुझे बीकानेर अभिलेखागार में भानगढ़ से सम्बधित Archival और Non-archival दोनों तरह के Records – मिले, जिनका मैंने अपनी पुस्तक में प्रयोग किया है। इस कार्य में अभिलेखागार के निदेशक डा महेन्द्र सिंह खड़गावत का भी धन्यवाद करना चाहूँगा। बीकानेर अभिलेखागार से प्राप्त सामग्री के आधार पर मैंने भानगढ़ के इतिहास पर यह छोटी–सी पुस्तक लिखने की हिम्मत की।

दस्तावेज़ों के ऐतिहासिक संदर्भ को बेहतर समझने के लिए भानगढ़ का परिवेश समझना ज़रूरी था। भानगढ़ का वातावरण, भूगोलिक स्थिति और आसपास के स्थानीय लोगों की भानगढ़ के बारे में किस्से–कहानियाँ समझना जरूरी था। इन बातों को समझने के लिए मुझे अपने मित्रों के साथ चार बार भानगढ़ जाना पड़ा। सबसे पहले मैंने मंयक कुमार से आग्रह किया कि वे मेरे साथ भानगढ़ चलें और मेरी समझ को मज़बूत करें। मंयक कुमार जी इन्दिरा गान्धी मुक्त विश्वविद्यालय, नई दिल्ली में इतिहास विभाग में Associate Professor हैं। उन्होंने मेरी बड़ी मदद की। हमने पूरा दिन भानगढ़ में गुज़ारा, उन्होंने वहां की शानदार फोटोग्राफ़ी की जो इस पुस्तक में दी गई है। इसके छह महीने बाद मैं मनोज कुमार सहरावत और प्रेम कुमार को अपने साथ ले गया। हमने भानगढ़ के आसपास के गांवों का सर्वे किया। हम लोग सैंथल और दामोदर का बांस भी गये जहां पर भानगढ़ के मन्दिरों की मूर्तियां स्थापित की गई थीं। इन गांवों में ही अन्धेरा

हो गया था। वहां से दौसा नज़दीक पड़ता था, इसलिए हमने रात दौसा में गुज़ारने का फ़ैसला किया। इसी समय मेरी प्रो देवड़ा साहब से बात होने लगी, जो जयपुर में रहते हैं। मैंने उन्हें बताया कि हम लोग भानगढ़ आए हुए हैं। यहां पर ठहरने के लिए कोई होटल नहीं है इसलिए हम लोग दौसा जा रहे हैं। उन्होनें कहा कि वे गोविन्द राम मीणा को जानते हैं जो भानगढ़ का Archaeological Survey of India के अधिकारी हैं। थोड़ी देर में उन्होंने बताया कि हम लोग भानगढ़ में Archaeological Survey of India के गेस्ट हाउस में ठहर सकते हैं। वहां पर हम पहुंच गए। गेस्ट हाउस भानगढ़ के किले से कुछ दूरी पर बना हुआ है। वहां पर हमारी मुलाकात वहां के चौकीदार से हुई, जो हमारा इन्तज़ार कर रहा था।

वहां का चौकीदार आसपास के किसी गांव का रहने वाला मीणा जाति से था। रातभर उसकी ड्यूटी भानगढ़ के परिसर मे होती थी। हमने उससे भानगढ़ के भूत–प्रेतों के बारे में पूछा, उसने बताया कि वह पिछले कई वर्षों से रात को ड्यूटी करने जाता है, वहीं पर सोता है। सुबह होने पर वह गेस्ट हाउस में आ जाता है। मगर उसने वहां पर कभी भी भूत–प्रेत नहीं देखा। कभी–कभी गर्मियों में रात को तेज़ हवाएं चलती हैं जो यहां की पहाड़ियों से ठकराकर कुछ आवाज़ें करती हैं। मैं यहां गोविन्द राम मीणा जी का आभारी हूँ, उन्होनें हमारी अनेक अवसरों पर मदद की। इसके कुछ दिन बाद फिर से मैने भानगढ़ जाने का प्रोग्राम बनाया, इस बार मेरे साथ प्रतीक और

प्रेम कुमार गए (जो दिल्ली विश्वविद्यालय के एक कॉलेज में इतिहास पढ़ाते हैं). हम वहां पर दो दिन ठहरे। इस बार हमने अजबगढ़ और भानगढ़ की पहाड़ियों का भी सर्वे किया। अजबगढ़ का परगना भी भानगढ़ से जुड़ा हुआ था। भानगढ़ के साथ–साथ अजबगढ़ भी उजड़ गया था। इस तरह से भानगढ़ का सर्वे किया जिससे भानगढ़ के इतिहास को समझने में हमे काफी मदद मिली। मेरे साथ दोनों ने अपना कीमती समय लगाया, मैं दोनों साथियों का बहुत आभारी हूँ। इस कार्य में हमारी अनेक साथियों ने मदद की। उनको हम धन्यवाद करते हैं जिनकी चर्चा हम ऊपर कर चुके हैं। प्रो दिलबाग सिंह, प्रो घनश्याम लाल देवड़ा और प्रो रामेश्वर प्रसाद बहुगूणा को भी धन्यवाद करना चाहूँगा। उनके महत्त्वपूर्ण सुझावों से भी मुझे काफ़ी मदद मिली। डा चन्द्रशेखर और डा राजेन्द्र कुमार ने भी इस कार्य मे मुझे काफ़ी सहयोग किया। इस कार्य को पूरा करने में मुझे मेरे परिवार के सभी सदस्यों (सुशीला, राहुल, मधुलक, लावण्या, आकांक्षा) का पूरा सहयोग व प्रोत्साहन मिला।

अन्त में मैं बी. एन. वर्मा, प्रसून चटर्जी, कंचन और अमोल का धन्यवाद और आभार व्यक्त करना चाहूगाँ, जिनके सहयोग से यह पुस्तक प्रकाशित हुई है।

यह पुस्तक छह अध्यायों में विभाजित की गई है। पहला अध्याय में भानगढ़ का पर्यावरणीय परिवेष की चर्चा की गई है, चूँकि भानगढ़ वन्यजीव परियोजना सरिस्का से जुड़ा हुआ है। इसलिए भानगढ़ की ecological conditions को समझना भी ज़रूरी है। दूसरे अध्याय में भानगढ़ की बसाहट से सम्बधित लोकप्रिय अवधारणाओं पर चर्चा की गई है, साथ–साथ भानगढ़ कैसे एक वाणिज्यिक क़स्बे के रूप में विकसित हुआ। भानगढ़ का इलाका अकबर बादशाह द्वारा आमेर के कच्छवाह शासक भगवन्तदास के छोटे बेटे माधो सिंह को जागीर के रूप में प्रदान किया गया था। इसके बाद भानगढ़ की जागीर माधोसिंह के वंशजों में पीढ़ी दर पीढ़ी चलती रही।अठारवहीं सदी के शुरूआत में भानगढ़ की जागीर माधो सिंह के वंशजों में खूनी संघर्ष में बदल गई थी। परिणामस्वरूप भानगढ़ उजड़ गया।

तीसरे अध्याय में भानगढ़ में जनजातियों की धार्मिक और सांस्कृतिक परिवेश पर चर्चा की गई है। इसमें वैष्णव धर्म और नाथपन्थ में टकराव देखा जा सकता है भानगढ़ के उजड़ने के पीछे सेवड़ा व नाथपन्थी साधुओं के अभिशाप को उत्तरदायी ठहराया गया है। पांचवें अध्याय में भानगढ़ के भूत–प्रेतों की कहानियों का ऐतिहासिक विश्लेषण किया गया है। इसमें बताया गया है कि भानगढ़ की विरासत को बचाने के लिए कैसे भूत प्रेतों की कहानियां प्रचलन में आईं। भानगढ़ की भूत–प्रेतों की छवि बनाने में दूरदर्शन की अहम भूमिका रही है। छठे अध्याय में सभी अध्यायों का विश्लेषण किया गया है। कुल मिलाकर इस पुस्तक में सभी पक्षों का ऐतिहासिक अध्ययन किया गया है।

1

भानगढ़ का प्राकृतिक परिवेश

आधी रात को आसमान से एक लौ (दीया) जलती हुई आती है, जो भानगढ़ के किले में आकर लुप्त हो जाती है। स्थानीय लोगों का विश्वास है कि रानी रत्नावती की आत्मा है जो लौ के रूप में किले में प्रविष्ट करती है और किले में अपने इष्टदेव श्री गोपीनाथ जी के मन्दिर में पूजा अर्चना करके लौट जाती है। इसलिए लोगों का मानना है कि एक दिन रानी रत्नावती फिर से जन्म लेंगी और भानगढ़ फिर से आबाद होगा। सांय छह बजे के बाद आधिकारिक रूप से भानगढ़ के प्रवेश द्वार बन्द कर दिये जाते हैं। आम धारणा है कि सांय छह बजे के बाद अन्धेरा होना शुरू हो जाता है। जैसे जैसे अन्धेरा बढ़ता जाता है, वातावरण शून्यता से भर जाता है और भानगढ़ की शक्ल डरावनी हो जाती है। धीरे–धीरे भूतों का बोलबाला शुरू हो जाता है। इसलिए देर रात भानगढ़ के परिसर में जाने का अर्थ जान जोखिम में डालना है। कुछ वर्ष पूर्व एक पंडित और नाई (राहगीर) कहीं जा रहे थे, चलते

चलते अन्धेरा हो गया। जंगली जानवरों के डर के कारण वे भानगढ़ में रूक गये। अन्दर जाकर एक चबूतरे पर सो गए। देर रात पंडितजी की नींद खुली, तो देखा कि पास में कोई खड़ा है। मगर उसके हाथ–पैर नहीं थे, केवल उसका सिर और मुँह दिख रहा था। वह पंडितजी को बोला, 'जाओ यहां से'। पंडितजी ने पहले सोचा कि उनकी तरह कोई राहगीर है जो सोने के लिए जगह देख रहा है। मगर पंडित जी ने देखा कि वह व्यक्ति तुरन्त गायब हो गया। थोड़ी देर बाद फिर वह व्यक्ति डरावनी शक्ल में आया और वह पंडित जी की तरफ घूरने लगा। पंडित जी ने डरते–डरते नाई को जगाया। पंडित जी जैसे ही नाई को डरावनी शक्ल के व्यक्ति के बारे में बताने लगे, तभी उन्होंने देखा कुछ डरावनी शक्लें उनकी तरफ आ रही हैं। पंडित और नाई दोनों वहां से भागे और भानगढ़ गेट के बाहर निकलकर ज़ोर–ज़ोर से चिल्लाने लगे। सुबह तक दोनों की हालत बहुत खराब हो गई थी। भानगढ़ के परिसर से जुड़ी भूतों की इसी तरह की अनेक घटनायें हैं जिनकी चर्चा हम अगले अध्याय मे करेंगे। भानगढ़ की भूत–प्रेतों की छवि कैसे बनी? इस रहस्य को समझने के लिए हमें भानगढ़ के इतिहास के सभी पहलुओं का अध्ययन करना जरूरी है।

इस अध्याय में हम भानगढ़ के आसपास के प्राकृतिक वातावरण की चर्चा करेंगे जिसमें पहाड़, जल, जंगल और वनस्पति शामिल हैं। इसका भी करेंगे कि किस प्रकार यह इलाका (गूज्जर, मीणा आदि जनजातियों)

और जंगली जानवरों की जीवनरेखा बनी रही है। अलवर से भानगढ़ तक जंगल फैला हुआ है। यह इलाका सरिस्का के नाम से जाना जाता है। यहाँ के पहाड़ व जंगल बड़गूज्जर राजाओं के साक्षी हैं जिन्होंने शैव मत की धार्मिक संस्कृति को जन्म दिया, जिससे यह इलाका नाथपन्थी साधुओं को अपनी ओर आकर्षित करता रहा। अलवर (राजस्थान) के दक्षिण–पश्चिम में सरिस्का एक बड़े भूभाग में फैला हुआ है। पुराना दिल्ली–जयपुर राजमार्ग इसके अन्दर से होकर गुजरता था। यह इलाका अरावली पहाड़ियों की श्रृंखलाओं से घिरा हुआ है। इन पहाड़ियों के अन्दर अनेक घाटियाँ व क्षेत्र बने हुए हैं जिनमें छोटे–छोटे गाँव बसे हुए हैं। अधिकांशः गाँव मीणा व गूज्जर जाति के लोगों द्वारा बसाये गये हैं। पूरा इलाका घने जंगलों, पेड़–पौधों से भरा हुआ है इसलिए वर्षा भी यहाँ डटकर होती है। इससे इस इलाके में नदी, नाले व झीलें पानी से भर जाती हैं। इस इलाके से गुज़रते हुए ऐसा नहीं लगता कि राजस्थान के किसी इलाके से गुज़र रहे हैं क्योंकि इस इलाके का पर्यावरण राजस्थान की प्रचलित रेगिस्तानी छवि से बिल्कुल अलग दिखता है। यहाँ के पहाड़ों की वादियों में अनेक झीलें, सरोवर, नाले हैं जिनमें पानी पूरे वर्ष भरा रहता है। सिलीसेढ़, जयसमन्द, मंगलासर और विजय मंदिर यहाँ की प्रमुख झीलें हैं, जिनका पानी अलवर जिले की जनता के लिए पीने के पानी की माँग को भी पूरी करता है। अलवर राज्य के महाराजाओं ने इन झीलों पर बाँध बनाकर पानी

की माँग को पूरा किया था। बाद में राजस्थान सरकार ने भी सिंचाई के लिए इन झीलों से नहरें निकालीं। अलवर राज्य के गैर–अभिलेखीय दस्तावेज़ों से पता चलता है कि इस इलाके में पहाड़ों से बहने वाले पानी को बाँध बनाकर नालियों के माध्यम से सिंचाई के लिए इस्तेमाल किया जाता था। गैर–अभिलेखीय दस्तावेज़ों के अनुसार, इस इलाके में उनसठ बाँध बनाए गए थे, जिनके माध्यम से पूरे इलाके की पानी की माँग को पूरा किया जाता था। इसलिए यह इलाका कृषि के लिए बहुत उपजाऊ रहा है।

सरिस्का के जंगलों के कारण वर्षा बहुत होती है इसीलिए इस क्षेत्र का नाम सरिस्का अर्थात् पानी वाला इलाका पड़ा है। यहाँ के पहाड़ों का पानी नदी व नालों के रास्ते पूरे इलाके में फैल जाता है। इससे इस इलाके का जलस्तर बहुत ऊपर उठा रहता है, इसलिए इस इलाके में सबसे ज़्यादा बावड़ियां व कुएँ मिलते हैं। मुग़ल–काल में परगना भानगढ़ व गाज़ी का थाणा में खरीफ फ़सल की तुलना में फ़सल रबी दूसरे परगनों के मुकाबले सबसे ज़्यादा होती थी।

सरिस्का का इलाका पर्यावरण के दृष्टिकोण से महत्वपूर्ण भूमिका निभाता रहा है। यहाँ के पेड़, पौधे, जल, वायु, भूमि और वन्यजीव प्राकृतिक सन्तुलन बनाए रखने में अहम भूमिका निभाते हैं। यहाँ पर अच्छी वर्षा होने से पेड़–पौधों के उगने की प्रक्रिया लगातार चलती रहती है। यह प्रक्रिया विविध प्रकार के पेड़–पौधों को फलने–फूलने

में मदद करती है। अनेक पेड़–पौधे व घास ऐसे हैं जिनका इस्तेमाल स्थानीय जनजातियाँ औषधि के रूप में प्राचीनकाल से करती आ रही हैं। भारत में चिकित्सा की प्राचीन पद्धति इसी प्रकार से विकसित हुई है। गम्भीर से गम्भीर बीमारियों का इलाज भी पेड़–पौधों से बनी औषधियों से किया जाता था। इस प्रकार का ज्ञान मवेशी चराने वाले ग्वालों को भी होता था। सरिस्का का जंगल इस प्रकार के पेड़–पौधों से भरा रहता था जिनका इस्तेमाल दवाईयों के रूप में होता था। आज भी यह स्थिति बदली नहीं है।

प्राचीन काल से ही लोग हर तरह की बीमारियों का इलाज परम्परागत तरीके से करते रहे हैं। पेड़–पौधों से भिन्न–भिन्न बीमारियों का इलाज करने की जानकारी पीढ़ी–दर–पीढ़ी चलती रहती थी। आमेर राज्य (जयपुर) के अनेक प्रसिद्ध वैद्यों के नाम आज भी लोगों को मालूम हैं जिन्होंने आयुर्वेदिक चिकित्सा के क्षेत्र में काफी ज्ञान अर्जित कर रखा था। सन् 1685 ई0 में सहदेव वैद्य द्वारा राजमाता का उपचार किया गया था। राजमाता इकातरा (मलेरिया) बुखार से पीड़ित थीं। उन्हें सर्दी लगकर तेज बुखार आ रहा था। उनको स्वस्थ करने के मकसद से झाड़ा व डोरा डांडा (तान्त्रिक विद्या) करवाने के लिए हिदायतुल्ला, मोहम्मद शाह व स्वामी कृपाराम (काला डेरा के स्वामी) को बुलाया गया। लेकिन अन्त में राजमाता का इलाज सहदेव वैद्य ने ही किया।

हालाँकि वैद्यों द्वारा राजघराने के पुरुषों का भी इलाज होता था। मुग़ल बादशाहों के मनसबदार होने के कारण

महाराजा अधिकांश समय मुगल राज्य की सेवा में बाहर ही रहते थे। हमारे पास ज्यादातर सूचनाएँ जनानी ड्योढ़ी से सम्बन्धित हैं। जनानी ड्योढ़ी (harem) में पुरुषों को जाने की इजाज़त नहीं होती थी, केवल ख्वाजासराओं (हिजड़ों) को ही अन्दर जाने की इजाज़त थी। जनानी ड्योढ़ी में रहने वाली औरतें जैसे पातरियाँ, पासवान, बडारन व शाही घराने की औरतें जब बीमार पड़ती थी, उनके इलाज के लिए वैद्यों को ख्वाजासराओं के माध्यम से ही अन्दर ले जाया जाता था। सहदेव, रामदत्त, वैणीदत्त, मुरलीधर आदि ऐसे ही वैद्य थे जिनको समय–समय पर जनानी ड्योढ़ी में ले जाया जाता था। जनानी ड्योढ़ी में औरतें कई तरह की बीमारियों से ग्रस्त होती थी जैसे, इकोतरा बुखार (मलेरिया), मियादी बुखार, सर्दी व गर्मी का बुखार, खून का कम बनना, पीलिया, पेट दर्द, पेचिस, हड्डियों का दर्द, पैरों में सूजन आना आदि। सम्भवतः आयुर्वेदिक दवाओं से इलाज करने वाले वैद्यों को सरिस्का के जंगलों से प्राप्त जड़ी–बूंटियों की जानकारी अवश्य होती होगी। आमेर राज्य के दवाखाना विभाग से पता चलता है कि इस प्रकार की दवाईयों का भण्डार होता था। राज्य के कर्मचारियों का भी आयुर्वेदिक दवाईयों से उपचार किया जाता था।

स्थानीय जनजातियाँ सरिस्का के जंगलों से प्राप्त औषधियों का इस्तेमाल अपने शारीरिक कष्टों को दूर करने के लिए पहले से ही करती रही हैं। स्थानीय लोगों को मालूम था कि कौन से पेड़ की छाल, पौधों की जड़

व पत्ते किस बीमारी के लिए उपयोगी होते थे। वस्तुतः आयुर्वेदिक चिकित्सा विज्ञान परम्परागत ज्ञान की एक अनूठी देन है जो भारत के विभिन्न भागों में सदियों से पनपती रही है।

पेड़–पौधों का महत्व

सरिस्का के पेड़–पौधों की भूमिका स्थानीय लोगों के आर्थिक जीवन में भी अत्यन्त महत्वपूर्ण रही है। ढाक का पेड़ सरिस्का के जंगलों में बहुत पाया जाता है। इसकी लकड़ी बहुत नरम, हल्की, सख्त और मज़बूत होती है। आमतौर पर किसान ढाक की लकड़ी का उपयोग बैलों का जुआ बनाने में करते हैं क्योंकि ढाक की लकड़ी के बहुत हल्की होने के कारण बैलों की गर्दन पर कम भार पड़ता है। मज़बूत तो यह लकड़ी होती है इसके अलावा किसान ढाक की लकड़ी का इस्तेमाल कुओं पर रिंग (curb) लगाने में करते थे अर्थात् रिंग पर रस्सी डालकर पानी को खींचा जाता था। सदियों से किसान इसकी लकड़ी को अनेक प्रकार के कृषि औज़ारों के लिए इस्तेमाल करते थे। हमें बताया गया है कि पहले ढाक के पत्तों की पत्तल बनती थी, जिसका इस्तेमाल ब्याह–शादियों में लोगों को खाना खिलाने के लिए होता था। पत्तों के डब्बे भी बनते थे जो कपों के रूप में पीने की चीज़ों के लिए इस्तेमाल करते थे। फागुन और चैत्र के महीनों में ढाक के पुराने पेड़ों पर

लाल व पीले रंग के फूल लगकर पक जाते थे जिनको उबालकर कपड़ों को रंगा जाता था। होली के समय इन फूलों को सुखाकर रंग तैयार किए जाते थे। सर्दी के मौसम में ढाक के पेड़ों से गोंद निकलता था, जिसका लड्डू बनाकर लोग मर्दानगी बढ़ाने के लिए खाते थे। इस प्रकार ढाक का पेड़ 'गुणी' (अनेक गुणों वाला) पेड़ कहलाता था जो स्थनीय लोगों के लिए बहुत ही काम का था। सरिस्का के जंगलों में पाए जाने वाले पेड़ों में खजूर भी है जिसके पत्तों से चटाइयाँ व पंखे बनाए जाते थे। सरिस्का में जाल और जांटी के पेड़ (राजस्थान में आमतौर से इसे खेजड़ी का पेड़ कहते हैं) भी होते हैं। ये पेड़ आमतौर से कम वर्षा वाले इलाकों में होते हैं जहाँ ज़मीन कम उपजाऊ, हल्की रेतीली होती है। जांटी पर लगने वाले फल को सांगर या सांगरी कहते हैं जिनको उबालकर, सब्ज़ी बनाकर खाया जाता है। सांगर पकने के बाद सूख जाते है जिन्हें झींज कहते हैं। जाल के फल को पील कहते हैं जो खाने में स्वादिष्ट होते हैं, और किडनी के लिए लाभदायक माने जाते हैं। इसके अलावा पील, पित्त व कब्ज़ को दूर करता है। जांटी का पेड़ किसान के लिए बहुत उपयोगी होता है। सत्रहवीं सदी में बीकानेर राज्य के खिलाफ खेजड़ी के पेड़ काटने के विरोध में बिश्नोई किसानों ने विद्रोह किया था क्योंकि यह पेड़ राजस्थान में जीवनरेखा समझा जाता है। इस पर लगने वाले फल को किसान और पशु दोनों खाते हैं। इस पेड़ के पत्ते पशुओं (बकरी, ऊंट) के लिए बहुत पौष्टिक होते हैं। इसकी लकड़ियाँ जलाने में सबसे अच्छी

होती हैं। इसी तरह कैर के झाडीदार पेड़ भी कम वर्षा वाले क्षेत्रों में होते हैं। उन पर लगने वाला फल टीट कहलाता है। किसान इस फल को उबालकर सब्जी या अचार बनाते हैं। इसका अचार बहुत स्वादिष्ट होता है। जब टीट पेड़ पर पक जाता है तब वह पिंजू कहलाता है जो खाने में बहुत स्वादिष्ट होता है। टीट–पिंजू खाने से पित्त और कब्ज़ की समस्या दूर होती है। साथ–साथ यह शुगर की बीमारी को दूर करने में भी सहायता करता है। इस तरह से जाल, जाटी और खैर के पेड़ किसान के हितैषी माने जाते हैं जो पुराने समय में अकाल के समय किसान के परिवार के भरण–पोषण में बहुत मददगार होते थे।

II

आज सरिस्का का क्षेत्र एक बाघ परियोजना के नाम से जाना जाता है। सन् 1955 में इस इलाके को वन्यजीव अभयारण्य घोषित किया गया था, मगर बाईस वर्ष बाद अर्थात 1978–79 में भारत सरकार ने इस इलाके को एक बाघ परियोजना के रूप में मान्यता दे दी। हालाँकि इस इलाके में बाघ लगातार मारे जाते रहे हैं इसलिए बाघों की संख्या यहाँ कभी भी ज्यादा नहीं रही, जिसकी चर्चा हम आगे करेंगे।

बाघ परियोजना का इलाका लगभग 800 वर्ग किलोमीटर में फैला हुआ है। इसमें 480 वर्ग किलोमीटर का इलाका

'कोर' क्षेत्र कहलाता है जबकि 320 वर्ग किलोमीटर 'बफ़र' कहलाता है। 'कोर' क्षेत्र को बाघों के लिए सुरक्षित रखने को लेकर सरकार ने कई तरह के प्रतिबन्ध लगाए हैं जैसे, कि इस इलाके में लकड़ी न काटना, पशु न चराना, यहाँ तक कि घास न काटना ताकि वन्य जीवों (विशेषकर बाघ) के रहन–सहन में किसी प्रकार की मानवीय दखल न हो। जबकि 'बफ़र' इलाके को इस प्रकार के प्रतिबन्धों से मुक्त किया गया है हालाँकि 'कोर क्षेत्र' में छोटे–छोटे अनेक गाँव बसे हुए हैं, जिन्होंने जंगली जानवरों के साथ ही जीना सीख लिया है। ये गाँव प्रमुख रूप से – काली घाटी, कंकवाड़ी, गानका, उदयनाथ, राई का माला, दुहार माला, नलदेश्वर, सुर्कोला, पांडूपोल, सीलीबेरी, उमरी, देवली आदि हैं जो सदियों से जंगली जानवरों के व्यवहार से परिचित हैं। विशेषकर यह क्षेत्र शेरों का भी घर हुआ करता था। यह अद्भुत संयोग है कि यहाँ इंसान, उसके मवेशी और शेर एक साथ रहते आए हैं। इन इंसानों को कभी ऐसा नहीं लगा कि वे बाघों के डर के कारण अपने मवेशियों के साथ कहीं और जाकर बस जाएँ।

सेवानिवृत्त वन अधिकारी के.एल. सैनी के अनुसार, 'सरिस्का के जंगलों में भैंसों को चराने का रिवाज काफ़ी पुराना रहा है।' ग्वाले अपनी भैंसों को ऐसे इलाकों में चराते थे जो बाघों का इलाका होता था जैसे काली घाटी, गुवाड़ा, गानका, उमरी, समोलका, करना का वास आदि। इस इलाके में बड़ी–बड़ी घास होती थी क्योंकि बाघों के डर के मारे हिरण, सांभर और नीलगाय जैसे शाकाहारी

जानवर इस इलाके में नहीं आते थे इसलिए इस इलाके में घास बड़ी और सघन होती थी जिससे भैंसों का पेट जल्दी भर जाता था। भैंसें रात भर चरती रहती थीं और ग्वाले झुंड बनाकर ऊँचे ढालों पर बैठे रहते थे। कभी किसी से नहीं सुना कि बाघों ने कभी भैंसों का शिकार किया हो।

बाघों का इन्सानों व मवेशियों के व्यवहार के बारे में सैनी का मानना है कि प्राक–आधुनिक युग में बाघों के शिकार पर ज़्यादा निगरानी ग्वाले व ग्रामीण रखते थे। वे उनका शिकार होने से बचाते थे। जैसे ही शिकारियों की भनक लगती थी, ग्वाले व ग्रामीण उनकी शिकायत करके उन्हें पकड़वा देते थे। इस प्रकार सरिस्का एक ऐसा जंगल बन गया था जहाँ बाघ और आदमी साथ–साथ रहते थे। हमें इस संबंध को ऐतिहासिक सन्दर्भ में समझना होगा। सरिस्का का जंगल पर्यावरण के दृष्टिकोण से सम्पूर्ण है अर्थात् वहाँ के वातावरण में शुद्ध हवा, पानी, भोजन और शान्ति मिलती है इसलिए यह इलाका नाथपन्थियों की धार्मिक गतिविधियों का भी केन्द्र बन गया था। सरिस्का के जंगलों में अनेक नाथपन्थियों के आसन (डेरे) बने हुए थे जो मध्यकाल से चले आ रहे थे। इन स्थानों पर नाथपन्थी साधु रहते थे जो गुरू–शिष्य परम्परा का अनुसरण करते हुए इन आसनों पर आसीन थे, जैसे तारूण्डा के भोजनाथ, पांडूपोल में बालकनाथ, नाहरसती में तक्कड़नाथ, नलदेश्वर में उदयनाथ और रईका माला में नाथबाबा आदि।

जहाँ नाथपन्थी साधुओं के आसन थे, वे ऐसे स्थान थे जहाँ बाघ रहते थे। इन स्थानों पर पानी के स्त्रोत होने के कारण जंगली जानवर अकसर पानी पीने आते थे इसलिए बाघ भी अपने शिकार की तालाश में इन्हीं जगहों पर घूमते रहते थे। पानी की अधिकता के कारण यहाँ पर घास भी बड़ी–बड़ी और गहरी होती थी। मवेशी चराने वाले ग्वालों को ये इलाके आकर्षित करते थे। लोगों को आश्चर्य होता था कि बाघ नाथपन्थी साधुओं को कुछ नहीं कहते। ग्रामीणों में आम धारणा बन गई थी कि साधु–महात्माओं के चमत्कार व शक्तियों के कारण बाघ उनका कुछ नहीं बिगाड़ सकते। इससे ग्रामीणों में साधुओं के प्रति श्रद्धाभाव बढ़ने लगा था। लोगों का साधुओं के पास आना–जाना लगा रहता था। इससे ग्वालों की भी हिम्मत बढ़ गई और वे साधु–सन्तों के आसनवाले इलाकों में अपने मवेशी चराने लगे, क्योंकि वहाँ मवेशियों के लिए पानी और घास उपलब्ध था। ग्रामीणों की यह धारणा थी कि साधु–महात्माओं के आशीर्वाद और बाघों की मौजूदगी से सरिस्का के जंगल आबाद व हरे–भरे रहते हैं। इसलिए बाघों को शिकारियों से बचाने में ग्रामीणों व ग्वालों की महत्वपूर्ण भूमिका होती थी। मगर ब्रिटिश काल में अलवर व भरतपुर राज्य की नीतियों के कारण ग्रामीण बाघों को शिकारियों से नहीं बचा सके। परिणामस्वरूप सरिस्का के जंगलों में बाघों का शिकार करना शिकारियों के लिए सामाजिक प्रतिष्ठा का प्रतीक बन गया। अलवर राज्य की तरफ से बाघों का शिकार

करने के लिए परमिट दिए जाते थे, जिसकी फीस पचहत्तर रूपये होती थी। परमिट की अवधि पंद्रह दिन होती थी। यह सिलसिला 1970 तक चलता रहा और बाघों का शिकार होता रहा। परिणामस्वरूप सरिस्का के जंगलों से बाघों का सफ़ाया हो गया।

अलवर के गैर अभिलेखीय दस्तावेजों के अनुसार सबसे ज्यादा बाघों का शिकार सोम सागर नामक तालाब के पास होता था। इस जगह पर बाघों का शिकार करने के लिए अलवर और भरतपुर राज्यों ने शिकारियों को परमिट दिए थे। यह एक ऐसी घाटी है जहाँ पर तीन तरफ से पहाड़ियों से इकठ्ठा होने वाला पानी एक बड़ी झील बना देता है। मुग़ल बादशाह अकबर के शासनकाल में भानगढ़ के शासक माधोसिंह के एक कर्मचारी सोमानाई ने पानी को रोककर एक बाँध का निर्माण किया था जो सोमासागर के नाम से प्रख्यात है। यह बाँध अजबगढ़ के नीचे घाटी पर सन् 1597 में बनवाया गया था।

हालाँकि मध्यकाल में मुगल बादशाह भी जंगली जानवरों का शिकार करते थे, विशेषकर बाघों का शिकार करना शाही शौक और प्रतिष्ठा का विषय माना जाता था। मेवात के खानजादा राज्य के संस्थापक बहादुर नाहर का नाम भी बाघ के शिकार करने पर रखा गया था। सरिस्का के इलाके में शेर (बाघ) को नाहर कहते हैं, इसलिए उनका नाम बहादुर नाहर पड़ गया। मगर ब्रिटिश काल में बाघों व अन्य जंगली जानवरों को मारना व शिकार करना सरकार की नीति का हिस्सा बन गया। इसलिए सरिस्का

के जंगल भी इसी सरकारी नीति के तहत बाघों व तेंदुओं से खाली हो गए। जब तक सरिस्का के वन्य जीव वहाँ की जनजातियों व ग्रामीणों के संरक्षण में रहे तब तक वहाँ बाघ और जंगल खूब फलते–फूलते रहे। जब से सरिस्का सरकारी नौकरशाही के आधिपत्य में आया तभी वहाँ के जंगलों से बाघों का गायब होना तय हो गया।

सरिस्का ही मध्यकाल से धार्मिक और सांस्कृतिक धरोहर का प्रतीक बन चुका था। जैसा कि हमने पहले भी चर्चा की है कि सरिस्का के कोर क्षेत्र को नाथपन्थी साधुओं ने अपनी धर्मस्थली बना लिया था, इनके दर्शन के लिए ग्रामीणों का आवागमन बना रहता था। ग्वाले भी भयमुक्त होकर अपने मवेशियों को बाघों के इलाकों में चराते थे।

सरिस्का के अन्दर पहाड़ों के बीच अनेक सुन्दर जगहें हैं जहाँ वर्षा ऋतु में पानी के झरने बहते रहते हैं। वहाँ पर पानी कभी नहीं सूखता। इनमें से एक जगह पांडूपोल के नाम से जानी जाती है। इसके बारे में एक पुराना विश्वास है कि पांडवों ने अपना अज्ञातवास का कुछ समय यहाँ पर बिताया था। एक ऊँची पहाड़ी के ऊपर चट्टान के अन्दर एक बड़ा घट्टा–सा बना हुआ है जिसके बारे में लोकप्रिय धारणा यह है कि जब कौरवों की सेना ने पांडवों का पता लगाकर उन्हें इस स्थान पर घेर लिया था तब अपने बचाव के लिए भीम ने अपनी गदा मारकर पहाड़ को तोड़कर रास्ता निकाला था इसलिए इसका नाम पांडूपोल (पांडवों का दरवाज़ा) रखा गया था। भीम के बल की परीक्षा लेने के लिए हनुमान जी ने भीम को

दर्शन भी यहीं पर दिए थे इसलिए यहाँ पर हनुमान जी की भी एक विशाल प्रतिमा बनाई हुई है। यहाँ भादों के महीने में मेला लगता है जिसमें बड़ी तादाद में लोग आते हैं। वन्यजीवों को देखने के लिए जो लोग बाहर से आते थे वे पांडूपोल के दर्शन करने भी आते थे। इसलिए सरिस्का के जंगलों की पहचान केवल वन्यजीवों व पर्यावरण से ही नहीं जानी जाती बल्कि एक समृद्ध पौराणिक विरासत के रूप में भी रही है।

सरिस्का के जंगलों में भर्तृहरि एक अन्य दर्शनीय स्थान है, जो अलवर से लगभग पैंतीस किलोमीटर दूर थाना गाज़ी से पहले आता है। यहाँ भादो और बैसाख के महीनों में मेला लगता है जिसमें दूर–दूर से लाखों की संख्या में श्रद्धालु आते हैं। यह नाथपन्थियों का सबसे प्रसिद्ध आसन रहा है जिसमें भर्तृहरि की समाधि बनी हुई है। लोकप्रिय धारणा यह है कि प्राचीन काल में भर्तृहरि उज्जैन के राजा थे। वे अपनी पत्नी से नाराज होकर राजपाट छोड़कर नाथपन्थी साधु बन गए थे। उन्होंने सरिस्का के जंगल में इन्दोक के पहाड़ों में तपस्या की थी। स्थानीय लोगों का मानना है कि यहीं पर उनको गोरखनाथ जी के दर्शन हुए थे। बाद में यहीं उन्होंने समाधि धारण की। अब यहाँ एक विशाल मंदिर बना हुआ है। जहाँ बड़ी संख्या में श्रद्धालु अपनी मनोकामना पूरी करने की उम्मीद में आते हैं। वहाँ के लोग भर्तृहरि के मन्दिर में दीया जलाते हैं, अपने दूध देने वाले पशुओं की सलामती के लिए भर्तृहरि के नाम की खीर बनाते हैं।

सरिस्का के दक्षिणी भाग में नारायणी माता का मन्दिर है। ऐसा माना जाता है कि नाई जाति की एक लड़की ही नारायणी माता के रूप में यहाँ प्रतिष्ठित है। शादी के बाद वह अपने पति के साथ ससुराल जा रही थी, रास्ते में दोनों एक पेड़ के नीचे बैठकर आराम करने लगे। अचानक सर्प के काटने से पति की मृत्यु हो गई। इसके बाद वहाँ के ग्वालों की मदद से वह लड़की उसी स्थान पर अपने पति के साथ सती हो गई। तब से यह स्थान पूजनीय बन गया। दरअसल ज़्यादातर राजपरिवारों की स्त्रियाँ ही सती होती थीं या फिर उच्च वर्ग की स्त्रियाँ अपने पति के साथ सती होती थीं। इस तरह के बहुत कम उदाहरण मिलते हैं जहाँ निम्न मानी जाने वाली किसी जाति की औरत अपने पति के साथ सती हुई हो इसलिए निम्न वर्ग की जातियों ने नारायणी माता को दैवीय शक्ति के प्रतीक के रूप में स्थापित किया। समय बीतने के साथ इलाके में नारायणी माता से सम्बधित अनेक करामाती कहानियाँ व किस्से प्रचलित हो गए। नारायणी माता का एक विशाल मन्दिर संगमरमर के पत्थर से बनाया गया है। वहीं पर गर्म पानी के चश्में हैं। लोग गर्म पानी में स्नान करते हैं। बड़ी संख्या में यहाँ श्रद्धालु आते हैं। इस मन्दिर का रख–रखाव मीणा व गूज्जर जाति के लोग करते हैं। सरिस्का की यह एक अद्‌भुत विरासत है जहाँ निम्न वर्ग की एक औरत देवी के रूप में सभी वर्ग के लोगों द्वारा पूजी जाती है।

सरिस्का के जंगलों में कुछ ऐसे स्थान भी हैं जिनके बारे में यह धारणा प्रचलित है कि इन स्थानों पर ऋषि–मुनियों

ने तपस्या की थी। तालवृक्ष, परासर और नलदेश्वर ऐसे ही स्थान हैं जिनकी प्राकृतिक सुन्दरता उल्लेखनीय है। तालवृक्ष ऐसी जगह है जहाँ गर्म व ठन्डे पानी के चश्में हैं जिनमें बारह महीने पानी बहता रहता है। पानी की उपलब्धता के कारण तालवृक्ष में पेड़ बड़े–बड़े हैं। धार्मिक दृष्टिकोण से ब्राहमणों ने पहाड़ों से निकलने वाले गर्म व ठण्डे पानी के झरनो को गंगा नदी से जोड़ दिया है। पौराणिक कथाओं के अनुसार माण्डव ऋषि ने यहाँ पर घनघोर तपस्या की थी इसलिए गंगा वहाँ पर स्वयं प्रकट होती है और इन झरनों के रूप में बहती है। तालवृक्ष का इलाका बैराठ नगर के आसपास है इसलिए एक लोकप्रिय धारणा है कि पांडवों ने तेरहवें वर्ष का अपना अज्ञातवास का समय बैराठ राजा के पास बिताया था। अपनी पहचान को छुपाने के लिए उन्होंने अपने शस्त्रों को तालवृक्ष में छुपा दिया था। यहाँ पर एक प्राचीन शिव मन्दिर भी है। इसी तरह से परासर के बारे में यह माना जाता है कि इस स्थान पर परासर ऋषि ने तपस्या की थी। नलदेश्वर भी एक ऊंची पहाड़ी पर बना हुआ है जहाँ पर पुराना शिव मन्दिर है।

III

सरिस्का की प्राकृतिक सुषमा पहाड़ियों व जंगलों में बिखरी हुई है। इसमें छोटे–छोटे गाँव भी बसे हुए हैं।

जिनमें अधिकांशतः आबादी गूज्जर और मीणाओं की है हालाँकि राजपूत, ब्राहमण, मेव व माली जातियों के लोग भी रहते हैं। भारतीय पुरातत्व सर्वेक्षण की रिपोर्ट में कनिंघम ने लिखा हैं कि सरिस्का के दक्षिण–पूर्व का इलाका पूर्व मध्यकाल से ही बड़गूज्जर राजपूतों के वर्चस्व में रहा है। ये इलाके हैं – राजगढ़, टहला, राजोर और देवती सांचारी। इन इलाकों में बड़गूज्जर राजाओं के बारे में अनेक कहानियाँ आज भी सुनी–सुनाई जाती हैं। राजगढ़ के बड़गूज्जर राजा बाघसिंह को लोग बाघ के रूप में याद करते हैं। शहर के बाहर बाँध पर बाघ की प्रतिमा बनाई गई है। लोगों का विश्वास है कि राजा समय–समय पर बाघ के रूप में इस बाँध पर आते रहते हैं। इसलिए जब भी राजगढ़ में किसी बच्चे का जन्म होता था तब राजा के सम्मान में भेंट स्वरूप नारियल, बकरी या भैंस की बलि देने के रिवाज का पालन किया जाता था। यह भेंट इसलिए दी जाती थी ताकि सरिस्का के जंगली जानवर यहाँ के लोगों का कोई अहित न कर सकें।

ऐसा माना जाता है कि बाघसिंह ने अपनी राजधानी माचेड़ी राजगढ़ में स्थापित की थी। बारहवीं सदी में वहाँ पर उन्होंने एक किले का निर्माण किया था जो अब पूरी तरह से खण्डित हो चुका है। कनिंघम की पूर्वोक्त रिपोर्ट में इस इलाके के अनेक बड़गूज्जर राजाओं की कहानियों की चर्चा की गई है, जिनसे यह पता चलता है कि बड़गूज्जर राजा अपनी प्रजा में काफ़ी लोकप्रिय रहे हैं। राजा बाघसिंह के बारे में एक लोकप्रिय कहानी का

उल्लेख महेन्द्रसिंह तलवाना ने अपनी पुस्तक *बड़गूज्जर राजवंश* में किया है। तलवाना लिखते हैं कि मीणा लोगों की लूटपाट और चोरी–डकैती से राजगढ़ माचेड़ी की जनता परेशान रहती थी। राजा के पास हर रोज चोरी–डकैती से सम्बंधित शिकायतें आती थीं, मगर राजा चोरों को पकड़ने में और जनता को इससे छुटकारा दिलाने में असमर्थ था। इसलिए वह एक नाथपन्थी साधु की शरण में पहुंचा जो माचेड़ी की पहाड़ी में तपस्या करते थे। राजा ने साधु से इस समस्या से निजात पाने का उपाय पूछा। साधु ने राजा को शरीर बदलने का मंत्र दिया, ताकि वह बाघ के रूप में दिखाई दे सके। साधु ने यह भी कहा कि यदि राजा वह बात किसी दूसरे व्यक्ति को बता देगा तब इस मंत्र का प्रभाव खत्म हो जाएगा और राजा की शक्ल भी बाघ की रह जायेगी अर्थात राजा बाघ की शक्ल में ही घूमता रहेगा। साधु की मंत्र विद्या से बाघसिंह रात को बाघ की शक्ल धारण करके घूमते थे। रात को मीणा चोरों को चोरी करते हुए देख लेते थे और सुबह राजा की कचहरी में चोरों को बुलाया जाता था और उन्हें सज़ा दी जाती थी। इस तरह प्रजा को चोरों से राहत मिली और राज्य में शान्ति स्थापित हो गई। इस तरह राजा बाघसिंह न्यायप्रिय राजा के रूप में बहुत लोकप्रिय हो गये। लेकिन उनके बाघ बनकर घूमने की बात गुप्त थी। एक दिन रानी को राजा पर सन्देह हो गया और उसने पूछा कि रात को आप कहाँ जाते हो? रानी की जिद्द को देखते हुए राजा ने उन्हें सबकुछ

बता दिया कि वह रात को बाघ की शक्ल धारण करके चोरों को पकड़ने के लिए जंगल में घूमते हैं। राजा ने जैसे ही यह बात रानी को बताई वैसे ही राजा का मानव शरीर बाघ में बदल गया। और वह वन में चले गए यह खबर पूरे शहर में आग की तरह फैल गई। महल के बाहर राजा का दाह संस्कार किया गया। वहीं पर उनका एक चबूतरा बनाया गया जिस पर मुंह और गर्दन बाघ की और धड़ आदमी का बनाया गया। राजा की मूर्ति को लोग आज भी श्रद्धाभाव से पूजते हैं और भेंट के रूप में नारियल, बकरी और अन्य पशुओं को चढ़ाते हैं।

निःसंदेह यह कहानी बड़गूज्जर राजाओं की लोकप्रियता को दर्शाती है। मगर इस कहानी का सार यह है कि इस इलाके में बाघ बहुत होते थे। जब मीणा लोग रात को चोरी करने निकलते थे तब बाघों के शिकार बन जाते थे। बाघों के भय के कारण मीणाओं ने इस इलाके में रात को चोरी करना बंद कर दिया। इस तथ्य को ब्राहमणों ने राजा बाघसिंह से जोड़कर कहानी के रूप में पेश किया ताकि प्रजा अपने राजा के प्रति आज्ञाकारी बनी रहे।

सर्वे के दौरान इसी तरह की बाघ से सम्बन्धित एक कहानी हमें एक वृद्ध व्यक्ति ने सुनाई थी। उसने बताया कि यह कहानी उन्होंने अपने पूर्वजों से सुनी थी। सरिस्का के जंगल में छोटे–छोटे गुवाड़े (बस्तियां) बसे हुए हैं। एक बार एक बाघ ने उनके मवेशियों को मारना शुरू कर दिया। बाघ जंगल से अक्सर देर रात निकलता और गुवाड़े में घुसकर पशुओं को मार देता। यह गाँव वालों

के लिए बर्दाश्त से बाहर की बात थी। उन्होंने बाघ को मारने का फ़ैसला किया। उन्होंने बाघ को मारने के लिए एक बन्दूकधारी को बुलाया। यह खबर पूरे इलाके में फैल गई। उसी जंगल में एक नाथपन्थी साधु रहता था। जैसे ही उसे ग्रामीणों के फैसले की ख़बर मिली वह दौड़ा–दौड़ा गाँव में आया और कहने लगा कि बाघ को मारने की भूल मत करना। शिकार करना बाघ का काम है। इस जंगल में बहुत कम बाघ हैं। बाघ के भय के कारण चोर भी इस इलाके में नहीं आते, इसलिए बाघ तुम्हारी रक्षा भी करता है। साधु ने कहा कि मैं अलवर के राजा से अपील करके तुम लोगों को मारे गए मवेशियों का हर्जाना दिलवाऊँगा। साधु ने कहा कि तुम्हारे मवेशियों की सुरक्षा के लिए मैं बाघ के गले में एक घंटी बाँध दूंगा जिससे तुम लोगों को उसके आने की खबर मिल जाए। तुम लोग शोर मचाकर उसको भगा देना। साधु की बात सुनकर लोग सहमत हो गये कि वे बाघ को नहीं मारेंगे। मगर उनको विश्वास नहीं हो रहा था कि साधु अकेला बाघ के गले में घंटी कैसे बाँधेगा? साधु ने गाँव वालों को बताया कि इस बाघ की माँ को शिकारियों ने मार दिया था। बाघ उस समय पंद्रह दिन का सावक था। अपनी माँ को ढूंढ रहा था। भूख से रो रहा था। तब मेरी नज़र उस सावक पर पड़ी और उसे मैं अपने आश्रम में ले आया। हर रोज़ ग्वाले मुझे दूध देते थे। उसको मैंने दूध पिलाकर बड़ा किया है। मैंने उसे अपने बच्चे की तरह पाला है। अब वह कुछ महीनों से शिकार करना सीख गया है। अभी भी वह मेरे पास

कभी–कभी आता रहता है। इसलिए जैसे ही वह मेरे पास आएगा, मैं उसके गले में घंटी बाँध दूंगा। गाँव के लोग साधु की बात सुनकर भरी हुई आंखों से एक दूसरे की तरफ देख रहे थे। विश्वास नहीं हो रहा था कि ये साधु है या कोई फ़रिश्ता। उसके बाद उन लोगों ने कसम खाई कि वे न तो बाघ को कभी मारेंगे और न ही शिकारियों को जंगल में घुसने देंगे।

टहला की पहाड़ियों के नीचे एक बड़ा तालाब है। किंवन्दती है कि इस तालाब का निर्माण बड़ गूज्जर राजा मिन्ह ने करवाया था। वर्षा के दिनों में तालाब का पानी लाल हो जाता था अर्थात् पीने के लायक नहीं रहता था। पंडितों ने राजा को पानी गन्दा होने का कारण बताया कि इस तालाब की खुदाई नीची जाति के लोगों ने की थी इसलिए पानी गन्दा रहता है। पानी शुद्ध तभी होगा जब आप अपने बेटे चतुर्भुज और बहू की आहुति दोगे अर्थात् दोनों को तालाब के अन्दर जीवित अवस्था में दफ़न कर दोगे। राजा के हुकम के अनुसार उसके बेटे और बहू को जीवित ही तालाब के अन्दर एक कमरा बनाकर दफ़ना दिया गया। साथ में उसका नौकर (सेवक) और घोड़ा भी दफ़नाया गया। इसके बाद तालाब का पानी शुद्ध हो गया। लोगों का मानना है कि राजा का वह बेटा अपनी पत्नी और सेवक के साथ चाँदनी रात में अभी भी तालाब के चारों और घूमते हुए दिखाई देता है।

कहानी की हकीकत स्वतः स्पष्ट है। दरअसल तालाब के आसपास की मिट्टी गेरुवे रंग की थी (है) जिससे

पानी लाल रंग का नज़र आता था। विशेषकर वर्षा के दिनों में जब पानी से तालाब भर जाता था, तब पानी लाल हो जाता था। फिर मिट्टी नीचे सतह पर धीरे–धीरे बैठ जाती थी, उसके बाद ही पानी साफ़ दिखाई देता था। इस तरह की कहानी का साफ़ मक़सद यह था कि तालाब के पानी का इस्तेमाल निम्न जाति के लोगों के लिए वर्जित रहे।

इतिहास में सबसे ज़्यादा चर्चित देव – राजोरगढ़ के बड़गूज्जर राजा रहे हैं।

इस तालाब से छह किलोमीटर दक्षिण की तरफ़ ऊंची–ऊंची पहाड़ियाँ हैं। इन पहाड़ियों के दूसरी तरफ़ एक लम्बा–चौड़ा पठार है। वहाँ से पहाड़ी पर एक लम्बी टूटी–फूटी दीवार नज़र आती है। ऐसा प्रतीत होता है कि पहले कभी यहाँ एक बड़ी बसती रही होगी। यहाँ महादेव का एक मंदिर है जिसे मथनदेव बड़गूज्जर राजा ने अपनी माता की स्मृति में माह सदी तेरह विक्रम संवत 1010 (953 ईस्वी) में लच्छुकेश्वरी महादेव के नाम से बनवाया था, जो अब नीलकण्ठ महादेव के नाम से जाना जाता है। मथन देव बड़गूज्जर सम्राट सावट बड़ गूज्जर का बेटा था और वह कन्नौज के प्रतिहार शासक परमभदारक महाराजाधिराज परमेश्वर महिपाल देव का सामन्त था। मन्दिर का द्वार पश्चिम की तरफ़ खुलता है। इस मन्दिर के पास ही एक जैन मन्दिर भी है जिसमें जैनधर्म के चौबीसवें तीर्थांकर वर्धमान महावीर की सात फ़ीट ऊंची मूर्ति स्थापित है। यहाँ पर पुरानी बावड़ी भी

बनी हुई है, इसके मन्दिर को मीणा व गूज्जर जाति के लोग तीर्थ स्थान के रूप में मानते रहे हैं। इस मन्दिर का रख–रखाव मीणा जाति के लोग करते हैं।

मन्दिर के आसपास निर्मित बावड़ी, तालाब, और आबादी के अन्य अवशेषों से प्रतीत होता है कि पहले कभी यहाँ एक फलता–फूलता नगर था। अब उसके आस–पास एक छोटा–सा गाँव बसा हुआ है जिसका नाम डपकन है। इसका पुराना नाम राजोर या राजोरगढ़ था जो बड़ गूज्जर राजपूतों की राजधानी होती थी। कनिंघम ने इसका नाम प्राणनगर बतलाया है। उनके अनुसार राजोर 4 किलोमीटर दूर एक अलग कस्बा था। जिस नगर में नीलकण्ठ महादेव का मन्दिर बना हुआ है, उसका नाम पहले प्राणनगर था। मगर नीलकण्ठ महादेव मन्दिर में लगे शिलालेख से पता चलता है कि बड़ गूज्जरों की राजधानी का नाम राजोर था, जिसमें सावट बड़ गूज्जर के बेटे मथनदेव बड़गूज्जर ने इस मन्दिर का निर्माण करवाया था। उन्होंने जनसाधारण के लिए बावड़ी और तालाब का भी निर्माण करवाया था। इसके बाद के बड़गूज्जर शासक पृथ्वीराज चौहान के सामन्त होते थे। इसी तरह माचेड़ी और देवती में भी बड़ गूज्जर राजपूतों का वर्चस्व रहा है।

पृथ्वीराज रासो में दिए गए विवरणों से पता चलता है कि देवती के बड़गूज्जर राजा रामराय जी पृथ्वीराज चौहान के एक महत्वपूर्ण सामन्त थे जिन्होंने पृथ्वीराज के साथ अनेक लड़ाइयों में भाग लिया था। इनकी वीरता

से सम्बंधित अनेक किस्से–कहानियाँ आज भी स्थानीय लोगों के गीतों व भजनों में सुरक्षित हैं।

इन किस्से–कहानियों से यह पता चलता है कि बड़गूज्जर राजा अपनी प्रजा में काफ़ी लोकप्रिय थे। वे शैवमत के अनुयायी थे। इसलिए उन्होंने इस इलाके में अनेक शिव मन्दिरों का निर्माण करवाया था। यही वजह थी कि सरिस्का भानगढ़ के इलाके में शैव धर्म का प्रभाव नौवी, दसवीं सदी से ही रहा है, जिसके कारण यहाँ नाथपंथ की विचारधारा को पनपने में बल मिला। इसलिए कोई गाँव, जंगल या कस्बा नाथपन्थी साधुओं के प्रभाव से अछूता नहीं रहा।

2

एक शहर था भानगढ़

मुग़ल काल में भानगढ़ अलवर सरकार के अन्तर्गत सरिस्का के दक्षिण में सीमान्त कस्बा होता था। जब हम गूगल पर सर्च करते हैं तब पता चलता है कि भानगढ़ दुनिया की सबसे डरावनी जगहों में से एक है। टेलीविजन की दुनिया ने इस भ्रम को और ज़्यादा पुख्ता बना दिया है। इसने भानगढ़ को एक डरावनी जगह के साथ–साथ रहस्यमय भी बना दिया है। मध्यकालीन भारत में फलता फूलता एक कस्बा कैसे भूत–प्रेतों का वास बन गया? इसके बारे में अनेक लोक धारणायें व कहानियाँ प्रचलित हैं, जिनसे पता चलता है कि भानगढ़ किस प्रकार अलग–अलग ऐतिहासिक व्याख्याओं में गढ़ा गया? इसलिए इतिहास के विद्यार्थियों के लिए यह एक दिलचस्प शोध का विषय बन गया है। भानगढ़ आधुनिक पूर्वी राजस्थान के अलवर ज़िले में है। यह कस्बा पहाड़ की तलहटी में बसा हुआ है। टूटी–फूटी इमारतों व सड़कों को देखने से सहज ही अन्दाजा होता है कि मुग़ल

काल में भानगढ़ एक फलता–फूलता व्यापारिक कस्बा था। अब वहाँ केवल टूटी–फूटी इमारतों व दुकानों के अवशेष बचे हैं। पहाड़ की तलहटी में कभी एक छोटा–सा किला बना हुआ था जिसकी ऊपरी सतह पर रानी रत्नावती का आवास था। अब यह जीर्ण–शीर्ण अवस्था में है। भानगढ़ में चारों तरफ़ इमारतों के टूटे–फूटे पत्थर ही पत्थर नजर आते हैं। इसलिए भानगढ़ के बारे में एक कहावत प्रचलित हो गई है:–

भानगढ़ का भाठा घणा, कै माकड़ कै भूत।
चौथा पाणी लागणा, चारों बात कबूत।।

अर्थात् भानगढ़ चार बातों के लिए जाना जाता है। पहला, वहाँ सभी जगह पत्थर ही पत्थर नज़र आते हैं। दूसरा, वहाँ पर लंगूरों की बहुतायत है। तीसरा, वहाँ भूतों का वास है और चौथा, वहाँ का पानी इन्सानों की सेहत के लिए हानिकारक है।

सन् 1560 ई में बैरम खाँ को राजसत्ता से हटाकर अकबर खुद मुग़ल साम्राज्य का शहंशाह बन गया था। अब उसको नए हिन्दुस्तानी मित्रों की ज़रूरत थी, जो उसके साथ कन्धे से कन्धा मिलाकर खड़े हो सकें। ऐसे नए दोस्तों में सबसे पहले आमेर के शासक कछवाह राजपूत राजा भारमल थे, जिन्होंने न केवल मुग़लों की सम्प्रभुता को स्वीकार किया बल्कि अकबर को अपना दामाद बनाकर अपनी बेटी हरकाबाई की शादी भी की।

इससे राजा भारमल बादशाह अकबर का एक विश्वासपात्र सहयोगी बन गया। भारमल के बाद उसका बेटा भगवन्त दास आमेर की गद्दी पर बैठा। मुग़लों के साथ आने के बाद आमेर राज्य अपने दुश्मनों से मुक्त हो गया, इसलिए अपने छोटे राज्य की सीमा बढ़ाने का सही वक्त उसको मिल गया था। अपनी सीमा बढ़ाने के मकसद से भगवन्तदास पूर्वी राजस्थान में अलवर की तरफ़ सम्भावनाओं की तालाश करने लगे। एक लोकप्रिय कहानी के अनुसार, भगवन्तदास शिकार के बहाने अपने कुछ सैनिकों के साथ सरिस्का के इलाके में घूम रहे थे। अचानक उनका सामना एक बाघ से हो गया। बाघ ने उन पर आक्रमण कर दिया। वे ज़ख़्मी हो गए। जिस समय यह घटना घटी उस समय तीतरबाड़ा के बड़गूज्जर सामन्त भगवन्तदास के साथ थे, उन्होंने अपनी तलवार से बाघ का काम तमाम कर दिया। घायल भगवन्तदास को बड़गूज्जर सामन्त अपने घर ले गए। उनका उपचार किया। भगवन्तदास उसकी मेहमानी से बहुत प्रसन्न हुए। कुछ दिनों बाद भगवन्तदास ने बड़गूज्जर सामन्त को अपने पास आमेर बुलवाया। भगवन्तदास ने बड़गूज्जर से उसकी बेटी का विवाह अपने छोटे बेटे माधोसिंह के साथ करने को कहा क्योंकि भगवन्तदास ने उसकी बेटी को उसके घर में देखा था जो देखने में अत्यन्त रूपवती और संस्कारवान थी। लड़की का नाम बाई रत्नावती था जिसकी मेहमाननवाज़ी के व्यवहार से भगवन्तदास बेहद प्रभावित थे। इस प्रकार माधोसिंह के साथ रत्नावती

की शादी हुई। यही रत्नावती बाद में रानी रत्नावती के नाम से प्रसिद्ध हुई। दरअसल, यह शादी राजनीतिक दृष्टिकोण से भी महत्वपूर्ण थी क्योंकि सरिस्का के इलाके पर बड़गूज्जर राजपूतों का वर्चस्व था इसलिए इस इलाके में आमेर राज्य के विस्तार के लिए बड़गूज्जर राजपूतों का सहयोग पाना आवश्यक था। उनके साथ वैवाहिक सम्बन्ध स्थापित करके आमेर ने उनका सहयोग हासिल किया। हालाँकि इसका कोई ऐतिहासिक तथ्य उपलब्ध नहीं है कि भगवन्तदास ने भानगढ़ कस्बे की नींव कब रखी थी। मगर भारतीय पुरातत्व सर्वेक्षण द्वारा भानगढ़ में स्थापित आलेख से पता चलता है कि भानगढ़ किले का निर्माण सन् 1599 ई0 में माधोसिंह द्वारा करवाया गया था। इसलिए यह माना जाता है कि भानगढ़ कस्बे की स्थापना किले के निर्माण से पहले हुई थी।

भानगढ़ अलवर और जयपुर के बीच में पड़ता है, हालाँकि भानगढ़ से जयपुर की दूरी ज़्यादा है। भानगढ़ ऐसी जगह पर बसा हुआ था, जो अनेक स्थानीय व्यापारिक मार्गों को भी जोड़ती थी। अकबर ने भानगढ़ की जागीर में अधिकांश गाज़ी का थाणा का इलाका दिया था। इसका एक कारण यह था कि यह पूरा इलाका मीणाओं की चोरी, डकैती की घटनाओं से परेशान था। इस इलाके से अकबर को मीणाओं से बड़ी चुनौती का सामना करना पड़ रहा था। इस इलाके से भू–राजस्व इकठ्ठा करना मुग़ल मनसबदारों के लिए बहुत मुश्किल हो रहा था। इसलिए एक कारण यह भी था कि मीणाओं की चोरी–डकैती को

रोकने के लिए यह इलाका कछवाह राजपूतों को जागीर में दिया गया था। माधोसिंह ने भानगढ़ में किले का निर्माण भी इसी उद्देश्य से करवाया था। भानगढ़ अलग से परगना बनाया गया और वहाँ एक फौजदार की नियुक्ति की गई ताकि वह मीणाओं की चोरी–डकैती की घटनाओं पर रोक लगाए। माधोगढ़ और बलदेवगढ़ की गढ़ियाँ भी मीणाओं की चोरी–डकैती की घटनाओं को रोकने के उद्देश्य से बनाई गई थी। धीरे–धीरे आमेर राजा ने बादशाह अकबर से भानगढ़ की जागीर वतन जागीर के रूप में प्राप्त कर ली और माधोसिंह की औलाद को पीढ़ी दर पीढ़ी यह इलाका जागीर के रूप में मिलता रहा।

भानगढ़ की जागीर देने के पीछे एक कारण यह भी था कि मुग़ल साम्राज्य के विस्तार में कछवाह राजपूतों की भूमिका से अकबर बहुत खुश था। भानगढ़ को विकसित करना कछवाह शासकों के लिए राजनैतिक और आर्थिक दृष्टिकोण से आवश्यक था। भानगढ़ कस्बा पहाड़ियों की घाटी में बसाया गया था जिसके तीन तरफ़ ऊंची–ऊंची पहाड़ियाँ हैं। सुरक्षा के दृष्टिकोण से कस्बे के चारों तरफ़ पत्थरों की एक ऊंची दीवार बनाई गई। इस तरह से भानगढ़ पहाड़ियों पर परकोटा के अन्दर बसाया गया था। अलवर राज्य के गैर अभिलेखीय दस्तावेज़ों के अनुसार, भानगढ़ कस्बे का क्षेत्रफल दो मील पूर्व में और ढाई मील उत्तर में फैला हुआ था। दुकानों व घरों की संख्या 9942 थी। कस्बे का क्षेत्रफल पुराने अलवर शहर के बराबर था, बाज़ार में जाने के लिए चार मुख्य द्वार थे, आमेर पोल,

दिल्ली पोल, हनुमान पोल और लाहोरी पोल। इन्हीं पोलों के माध्यम से बाज़ारों में जाने–आने का रास्ता था। सन् 1712 ई के अठसठा दस्तावेज़ के अनुसार भानगढ़ अलवर सरकार (सूबा आगरा) में प्रशासनिक दृष्टिकोण से एक परगना था जिससे छप्पन गाँव जुड़े हुए थे, बाद में चार गाँव परगना अजबगढ़ में मिलाए गए। इस तरह से परगना भानगढ़ बावन गाँवों की एक प्रशासनिक इकाई होती थी।

भानगढ़ के तीन तरफ ऊंची–ऊंची पहाड़ियाँ हैं और पूर्व की ओर खुला मैदान है। इस मैदान में ही भानगढ़ बसा हुआ था। मुख्य रूप से भानगढ़ तीन परकोटों में बंटा हुआ है। पहले परकोटे में किला बना हुआ है। किले की ऊपरी सतह पर रानी रत्नावती का महल था जो अब खण्डर हो चुका है। महल में गोपीनाथ जी का एक छोटा सा मन्दिर होता था। दूसरा परकोटा बड़ा है। यह धार्मिक दृष्टिकोण से बनाया गया था जिसमें मन्दिर और महात्मा बावलनाथ का आसन है। मन्दिरों का विवरण इस प्रकार है:–

1. सोमेश्वर जी मन्दिरः– यह मन्दिर भगवान शिव का है इसे माधवसिंह के शासनकाल में उनके एक कर्मचारी सोमानाई ने बनवाया था। इसलिए यह मन्दिर सोमेश्वर महाराज के नाम से जाना जाता है। मन्दिर की पूर्व दिशा में थोड़ी–सी दूरी पर सोमानाई का आवास था, जिसके अब खण्डहर मात्र बचे हैं।
2. गोपीनाथ जी का मन्दिरः– रानी रत्नावती के महल के सामने पूर्व की ओर गोपीनाथ जी का भव्य मन्दिर

बनवाया गया था। यह संगमरमर के पत्थरों से बना पूर्व मध्यकाल के मन्दिरों की कला का नमूना है। ऐसा माना जाता है कि यह मन्दिर सन् 1665 ई0 में महाराजा हरीसिंह के समय में बना था।

3. सन्तशालाः– रानी रत्नावती के महल और गोपीनाथ जी के महल और मन्दिर के बीच में एक सन्तशाला का निर्माण किया गया। एक आयताकार बड़ा हॉल है जिसके दोनों तरफ बड़े–बड़े बरामदे बने हुए हैं, बीच में एक ऊंचे छोटे चबूतरे के रूप में प्रवचन करने के लिए आसन बना हुआ है। इसी इमारत के अन्दर, पीछे की तरफ पानी का कुण्ड बना हुआ है जिसमें साधु लोग स्नान वगैरह करते थे। सन्तशाला का निर्माण सम्भवतः रानी रत्नावती के समय में हुआ था जहाँ रानी आगन्तुक साधु–सन्तों के साथ सत्संग और भजन करती होगी।

4. केशवराय जी का मन्दिरः– इस मन्दिर का निर्माण सन् 1655 ई. में किया गया था। इसे मंगलामुखी के मन्दिर से कुछ ही दूरी पर पहाड़ी की गोद में बनाया गया था। यह भी गोपीनाथ के मन्दिर की तरह वैष्णव धर्म का एक महत्वपूर्ण मन्दिर था।

5. मंगलामुखी देवी का मन्दिरः– मंगलामुखी देवी की भानगढ़ में कुलदेवी के रूप में पूजा होती थी। यह मन्दिर भानगढ़ के दक्षिण छोर पर बनाया गया था। वहाँ पर मन्दिर बनाने का तात्पर्य यह था कि इसके ज़रिये उधर से आनेवाले दुश्मनों के बारे में सूचना

मिलेगी जिससे भानगढ़ की रक्षा होगी। कुलदेवी का अर्थ यही होता था कि देवी भानगढ़ नगर की मुखिया है जो संकट में दुश्मनों से रक्षा करती है। यह मन्दिर भी स्थापत्य का बेहतरीन नमूना है। यह भी गोपीनाथ मंदिर की भांति पूर्व–मध्यकालीन स्थापत्य का नमूना है। इस मन्दिर का निर्माण भानगढ़ के एक कामदार राजाराम द्वारा करवाया गया था। भानगढ़ उजड़ जाने के बाद धन की चाहत में मंदिर के नीचे की छत को गहराई तक खोद डाला गया, जिससे देवी की चौकी नष्ट हो गई।

6. हनुमानजी का मन्दिरः– हनुमान दरवाज़े से दक्षिण की तरफ़ हनुमान जी की एक चबूतरे पर विशाल मूर्ति बनाई गई थी। इसका निर्माण माधो सिंह के शासनकाल में हुआ था। उधर हनुमानजी की मूर्ति बनाने का तात्पर्य यह था कि भानगढ़ नगर वैष्णव ध ार्म का प्रतीक है और हनुमानजी एक द्वारपाल के रूप में नगर की रक्षा करें।

7. महात्मा बावलनाथ का आसनः– ऐसा माना जाता है कि भानगढ़ की बसाहट से पहले से ही नाथपन्थी महात्मा बावलनाथ का आसन यहाँ बना हुआ था। एक लोकप्रिय अवधारणा के अनुसार, कछवाह राजा भगवन्तदास ने भानगढ़ नगर की नींव इन्हीं महात्मा के आशीर्वाद से रखी थी। गोपीनाथ जी के मन्दिर से पूर्व–दक्षिण की तरफ़ बावलनाथ जी का आसन बना हुआ है। बावलनाथ जी की समाधि के साथ–साथ

उनके शिष्यों की समाधियां भी बनी हुई हैं। आसन के रखरखाव के लिए 44 बीघा ज़मीन दी गई थी। आसन के साथ ही साथ माताओं (देवियों) का मन्दिर भी बना हुआ है। मगर आश्चर्य की बात यह है कि बावलनाथ जी का कोई मन्दिर नहीं है। केवल छोटी–सी समाधि बनी हुई है जिस पर एक छोटी–सी मंढी बनी हुई है अन्यथा यह पूरी तरह खुली है।

8. सरसा देवी का मठः– भानगढ़ नगर के उत्तर–पूर्व छोर की ओर सरसा देवी का मठ है। मन्दिर के बजाय इसको मठ इसलिए कहा जाता है क्योंकि यह पहाड़ी की एक प्राकृतिक गुफ़ा में बना हुआ है। इस मठ का निर्माण भी माधोसिंह के शासनकाल में हुआ था। गुफ़ा के अन्दर सरसा देवी की मूर्ति स्थापित की गई थी। बाद में एक महाजन ने गुफ़ा के द्वार पर एक छोटी–सी ईमारत बना दी और गुफ़ा में हवा–रोशनी के लिए एक छिद्र किया गया। सरसा देवी भी, मंगलामुखी देवी की तरह, भानगढ़ की कुलदेवी मानी जाती थी। लोगों का मानना है कि यह देवी भी भानगढ़ नगर पर उत्तर–पूर्व से होने वाले हमलों से बचाव करती थी और दुश्मनों के बारे में पहले से ही चेतावनी दे देती थी। इस मठ में औरतों द्वारा पूजा करने की मनाही है। ऐसा माना जाता है कि एक गर्भवती औरत ने पूजा करते समय देवी के मठ के अन्दर ही बच्चे को जन्म दे दिया। इस बात को इस तरह से भी समझा जा सकता है

कि खेत में काम करती हुई एक गर्भवती महिला ने देवी के मठ में बच्चे को जन्म दे दिया। आम धारणा बन गई कि इससे देवी की अवमानना हुई और उसकी पवित्रता भंग हो गई थी, जिसके कारण उस महिला के कुल का सर्वनाश हो गया। तब से औरतों का देवी के मठ में प्रवेश बन्द कर दिया गया। इस घटना के पीछे क्या रहस्य हो सकता था? इसे समझाना मुश्किल है। मगर सरसा देवी की छवि को पूरी तरह से स्त्री विरोधी बनाया गया है। इस घटना को इस प्रकार समझा जा सकता है कि सरसा देवी की पूजा इस इलाके में भानगढ़ की बसाहत से पहले से ही होती रही है। इसके आसपास मीणाओं के गाँव हैं इसलिए सरसा देवी उनकी ही कुल देवी रही होगी। भानगढ़ की बसाहत के बाद सरसा देवी को भानगढ़ की भी कुलदेवी बना लिया गया क्योंकि स्थानीय लोग उन्हें प्राचीन समय से पूजते आ रहे थे। चूँकि सरसा देवी का मठ भानगढ़ के बाहरी पहाड़ी की गुफ़ा में है; इसके पास से एक नदी बहती है इसलिए देवी का नाम भी सरसा देवी रखा गया अर्थात पानी वाली देवी। सरस का अर्थ पानी, तालाब, झील होता है। सरिस्का का अर्थ भी झीलों वाला या पानी वाला इलाका होता है। सरसा देवी के मठ के पास जंगली जानवर पानी पीने आते थे। विशेषकर यह बाघों का इलाका था। संभवतः सरसा देवी की पूजा अर्चना करते समय ज़्यादा औरतें

बाघों का शिकार बनी होंगी। पूजा करते समय किसी गर्भवती महिला ने बच्चे को जन्म दिया होगा। महिलाओं को डराने के लिए या पूजा से रोकने के लिए इस घटना को आधार बनाकर इस प्रकार की कहानी का रूप दिया गया होगा। इस कहानी के बाद सरसा देवी के मठ में पूजा के लिए औरतों का आना बन्द हो गया होगा। इससे भानगढ़ के प्रशासन की सरसा देवी के इलाके की सुरक्षा प्रदान करने की जिम्मेदारी भी कम हो गई होगी।

किले की तरफ़ से जैसे ही बाज़ार में प्रवेश करते हैं दायीं तरफ एक आयताकार इमारत है जिसमें तीन तरफ़ से बरामदे बने हुए हैं। इमारत की छत पूरी तरह से उखड़ी और टूटी–फूटी है मगर देखने से जैन मन्दिर की तरह दिखाई देती है। संभवतः वह जैन मन्दिर ही रहा होगा क्योंकि भानगढ़ में कई जैन व्यापारी थे।

भानगढ़ की पहाड़ी के ऊपर एक प्राकृतिक कुण्ड है जिससे पानी झरने के रूप में शिव मन्दिर के पास गिरता रहता है जो नाली के ज़रिये आगे शहर की तरफ़ निकल जाता है। कुण्ड से थोड़ी दूरी पर एक मस्जिद बनी हुई है। मस्जिद का निर्माण इसलिए किया होगा कि भानगढ़ में काफ़ी मुस्लिम परिवार लुहार जाति के रहते थे जो राज्य के लिए बन्दूकें व छोटे तोपखाने बनाते थे।

उपर्युक्त विवरणों से यह ज़ाहिर है कि भानगढ़ में अलग–अलग धर्मों के लोग रहते थे। मगर वैष्णव धर्म के मन्दिरों को ज़्यादा महत्व दिया गया था जिन्हें राज्य की तरफ़ से संरक्षण मिला हुआ था।

तीसरा परकोटा काफी विस्तृत और लम्बे–चौड़े इलाके में फैला हुआ था। इस परकोटे में पूरा शहर बसा हुआ था। बड़ी सख्यां में दुकानें व रिहायशी इमारतें बनी हुई थीं। इसमें चार पोल अर्थात द्वार थे। आमेर द्वार, लाहोरी पोल, हनुमान पोल और दिल्ली पोल। हनुमान पोल से बाज़ार शुरू होता था जिसे जोहरी बाज़ार कहते थे। शुरुआत गें छोटी–छोटी दुकानें बनी हुई थी, आगे चलकर मुख्य बाज़ार शुरू होता था। इसके दाईं तरफ़ अलग–अलग व्यापारियों की दुकाने बनी हुई थी।

सन् 1712 ई0 के सवाई जमाबन्दी दस्तावेज़ में व्यापारी, महाजन व दस्तकारों की एक लम्बी विस्तृत सूची दी गई है जिसमें इन सभी पर पेशे के अनुसार विराड़ कर लगाया गया है। इसमें लगभग 400 व्यापारियों व महाजनों के नाम दिए हुए हैं। यहाँ पर सभी के नामों की चर्चा करना आवश्यक नहीं है। मगर उदाहरण के तौर से कुछेक बड़े–बड़े महाजनों व व्यापारियों के नामों की चर्चा करना ही उचित है – जैसे कुशलाडूंगर का 125 रुपये, कोला अग्रवाल 140 रुपये, किशोर बनावड़वाला 60 रुपये, कुमला चौधरी 70 रुपये, गोधु गोलाका बास 590 रुपये, माधो जैसू का 65 रुपये, गुजराती व्यापारी 30 रुपये, घासीराम हिन्दु का 45 रुपये, चन्दु सांगानेरवाला 41 रुपये, जीवराम पंसारी 11 रुपये, जग्गा पंसारी 48 रुपये, जीवनराम आवेरीवाला 50 रुपये, झाझुकवाला 60 रुपये, टोडा चौधरी 30 रुपये, ताला मनोहरपुरवाला 31 रुपये, दयाराम दूरजन का

130 रुपये, दामोदर भंगा 61 रुपये, दयाराम वगैरह 250 रुपये, दोदा पंसारी 21 रुपये, दाला अगरवाल 21 रुपये, पिरागा हिन्दुका 45 रुपये, वीजा तमाखुवाला 60 रुपये, बीना हरजी 100 रुपये, दयाराम जसोरा 41 रुपये, दयाराम धारीवाल 51 रुपये, रामचन्द्र खोहरी वाला 21 रुपये, रामजी उदाका 35 रुपये, लालाणी महाजन वगैरह 420 रुपये, नूण वाला झूपा 200 रुपये, हिरा नूणवाला 25 रुपये, लालचन्द जसौरा 21 रुपये, सखण पंसारी 21 रुपये, सीताराम नाज का व्यापारी 41 रुपये, सद्दा हिन्दु का नाज का व्यापारी 31 रुपये, आसाराम आमेर वाला 125 रुपये, हरनाथ धौजवाला 200 रुपये, हरकिरन धीखरा 21 रुपये, उदा चापड़ीवाल 61 रुपये, उदा मथुरा को 21 रुपये, हेमू 21 रुपये, हेमू मराठा 21 रुपये। इनके अतिरिक्त ऐसे छोटे महाजन व व्यापारियों के नाम की लम्बी सूची है जिनसे 5 रुपये से 21 रुपये का विराड़ कर लिया गया है। इनमें अनेक महाजनों व व्यापारियों के नाम के साथ–साथ उनके पेशों के बारे में नहीं लिखा गया है। विराड़ कर की अदायगी की रकम से यह पता चलता है कि भानगढ़ के बाज़ार में अनेक महाजन व व्यापारी बड़े कारोबार से जुड़े हुए थे। महाजन व व्यापारी अलग–अलग चीज़ों का व्यापार करते थे जैसे अनाज, गुड़, तेल, घी, तम्बाकू, नील, नमक, कपड़ा, कागज़ आदि। जौहरी बाजार में सोने चांदी के आभूषण बनाने वालों की दुकानें होती थी। अनेक प्रकार के शृंगार से सम्बधिंत

आभूषणों की दुकानें होती थी। बाज़ार में पंसारियों की दुकानें बहुत होती थी।

इनके अलावा भानगढ़ में सर्राफ व हुण्डी का काम करने वाले भी रहते थे जैसे शाह रामदास, श्योराम, नानू महाजन, मायाराम महाजन, लालाणी, आसाराम व हरकिशन महाजन। यदि कोई छोटा व्यापारी व बंजारे धन लेकर निकट व दूर स्थानों पर माल लाने के लिए जाते थे तब सर्राफ उनसे धन लेकर एक कागज़ का टुकड़ा देता था जो उसकी भाषा में लिखा होता था। इस कागज़ को ही हुण्डी कहा जाता था। इस पर कोई मुहर नहीं होती थी बल्कि सर्राफ के कागज़ पर अपने हाथ से लिखे हुए हस्ताक्षर होते थे। सर्राफों के अनेक नगरों में एजेण्ट होते थे जो कागज़ को देखकर इस पर लिखी धनराशि का बिना किसी सन्देह के भुगतान कर देते थे। रकम थोड़ा सा बट्टा काट कर देते थे। दूरी और जगह को देखकर सर्राफ हुण्डी पर बट्टा (कमीशन) तय करता था। बट्टे की दरें अलग–अलग होती थी फिर भी सांगानेर भेजी हुई हुण्डी की दर 2 रुपये 2 आना प्रति सैंकड़ा होती थी। इनके अलावा भानगढ़ में बंजारों की अलग–अलग बस्तियाँ थीं जो बड़ी संख्या में बैल रखते थे जिनकी पीठ पर सामान रखकर दूर–दूर स्थानों पर जाते थे। ये लोग अनाज, गुड़, खांड, नमक और घी जैसी सामग्री लाने व ले जाने का काम करते थे। घास चराई कर से पता चलता है कि बंजारों को अपने पशुओं को घास चराने के लिए 5 रुपये प्रति सैंकड़ा के हिसाब से टैक्स राज्य

को देना पड़ता था। जमाबन्दी दस्तावेज़ चौत्रा कोतवाली से पता चलता है कि भानगढ़ में दूर–दूर से व्यापारी आते थे। सबसे ज़्यादा व्यापारी गुजरात से आते थे। मथुरा, ब्रज, मेवात व राजस्थान के अलग–अलग इलाकों से व्यापारी आते थे। ये व्यापारी अनेक तरह की वस्तुएँ लाते थे जैसे कपड़ा, रूई, नील, नमक, गुड़ व तेल, घी, आदि। भेरा और कसाब (वर्तमान पाकिस्तान) के व्यापारी ऊँटों पर लादकर फिटकरी लाते जो गोला–बारूद के लिए शोरा तैयार करने में काम आती थी। इसके बदले में वे कपड़ा व रूई ले जाते थे। सन् 1713 ई0 में 630 रुपये की फिटकरी भेरा के बलोच व्यापारियों से खरीदी गई। सन् 1713 ई0 में साहिबखाँ कोतवाल के 6 महीने के हासिल राहदारी से पता चलता है कि पौस और माघ (अक्तूबर, नवम्बर) महीने में सबसे ज़्यादा व्यापारियों का आवागमन बना रहता था क्योंकि इन महीनों में खरीफ की फ़सल का सत्र खत्म हो जाता था और नई रबी की फ़सल बोई जाती थी। वर्षा का मौसम भी खत्म हो जाता था अर्थात् अक्टूबर–नवम्बर का महीना व्यापारियों के लिए सबसे बेहतरीन होता था।

दूसरा, यह एक ऐसा मौसम था जिसमें विद्रोही ज़मींदारों की लूट–खसोट की गतिविधियाँ भी कम हो जाती थी। विद्रोही ज़मींदार तभी गतिविधियों को अंजाम देते थे जब फ़सल पक कर तैयार होती थी या कटकर अनाज तैयार हो जाता था अर्थात् जब किसान

का अपनी फ़सल पर भू–लगान चुकाने का समय आता था तब ज़मींदार लूट–खसोट जैसी गतिविधियों को अंजाम देते थे। मगर यह मानना भी सही नहीं होगा कि अक्टूबर–नवम्बर के महीनों में व्यापारी पूरी तरह से सुरक्षित होते थे। फिर भी तुलनात्मक दृष्टिकोण से इन महीनों में व्यापारियों के साथ लूटपाट की घटनाएँ कम होती थी। सावन और कार्तिक के महीनों में भानगढ़ में बहुत कम व्यापारी आते थे। व्यापारियों को कुछ दूसरी समस्याओं का सामना करना पड़ता था। कस्बा भानगढ़ में आने वाले व्यापारियों ने आमेर राजा को शिकायत भेजी थी कि ईजारेदार अपनी सुविधा के अनुसार चौत्रा कोतवाली लगवाते हैं और व्यापारियों से मनमाने ढंग से राहदारी हासिल करते हैं। व्यापारियों का कहना था कि राहदारी हासिल दस्तूर से ही ली जाए। व्यापारियों ने महाराजा से अपील करते समय यह भी कहा कि वे दीवान को निर्देश दें कि वे ईजारेदारों से शपथ–पत्र (मुचलका) लें कि वे व्यापारियों से राहदारी हासिल दस्तूर से ही लेंगे। यदि ईजारेदार राहदारी हासिल दस्तूर से लेते हैं तभी भानगढ़ में व्यापारियों का आवागमन बना रहेगा। व्यापारियों व महाजनों के आपसी झगड़ों का निपटारा करने के लिए पंच महाजन नामक संस्था होती थी। इसमें भी पंचायत की तरह कुछ चुने हुए महाजन होते थे जो समय–समय पर झगड़ों का निपटारा करते थे।

पेशेवर जातियाँ

भानगढ़ बाजार के पिछले हिस्से में अनेक पेशेवर लोगों की दुकानें होती थीं। सवाई जमाबन्दी दस्तावेज़ में पेशेवर जातियों को पौणी (पवन) जाति के नाम से जाना जाता था। पेशेवर जातियों से भी राज्य विराड़ कर लेता था। सन् 1712 ईं में भानगढ़ कस्बे में ऐसी 27 जातियां थीं जिनकी दुकानें बनी हुई थीं जैसे छीपी, बलोच, खाती, कुम्हार, माली कुंजड़ा, सलावट, मोची, जुलाहा, कोली सुनार, लखेरा, मणियार, जरीया, तेली, कलाल, खटीक, नीलगर, कठेरा, नालबन्ध, दर्जी, खरादी, कीर, नाई, तंबोली, तरेवा आदि। इनमें सबसे ज़्यादा कर कलाल, सुनार, जरीया, छीपी, कुम्हार, सलावट, कोली, बलोच, खाती, तेली, नालबन्द और नाई पर लगता था। दूसरे पेशेवर जातियों पर कर का भार कम होता था। पेशेवर लोगों की अलग–अलग पेशों के आधार पर सामाजिक पहचान बनी हुई थी जैसे सुनार, सोने–चाँदी के आभूषण बनाते थे, दर्ज़ी कपड़े की सिलाई करता था, छीपी कपड़े पर छपाई का कार्य करता था। माली और कुंजड़ों का कार्य बागवानी और सब्ज़ी उत्पादन का होता था। भानगढ़ में 120 बीघा ज़मीन में 12 बाग अलग–अलग जगहों पर बने हुए थे जिनमें अनेक प्रकार की सब्ज़ियां व गन्ना उगाया जाता था। बागों में आँवलों की खेती बहुत होती थी। सभी बागों की देखभाल माली करते थे। सब्ज़ी बेचने का कार्य कुजड़े करते थे। तेली तेल निकालने के कोल्हू

रखते थे जिनमें हिन्दू और मुस्लिम दोनों समुदायों के लोग होते थे। कलाल शराब बेचने वाले होते थे। खरादी लकड़ी पर डिज़ाइन (खराद) बनाकर लकड़ी को सजावट के लिए तैयार करते थे। तम्बोली पान बेचने वाले पनवाड़ी होते थे। सलावट पत्थरों पर नक्काशी करते थे। ठठेरा पीतल व ताँबे के बर्तन बनाते थे व टूट जाने पर ठीक करते थे। नीलगर कपड़ों की रंगाई का कार्य करते थे। कठेरा मुर्दा जलाने के लिए लकड़ी का भण्डार रखते थे। भड़भूजा भाड़ झोंकता था जिसमें अनाज को भूंनने का काम करता था। जुलाहा खड्डी पर सूती कपड़ा तैयार करता था। पेशेवरों में सबसे नीचे पायदान में मोची और कोली होते थे जो मरे हुए पशुओं का चमड़ा उतारकर जूते बनाते थे। भानगढ़ कस्बे में कुछ बलोच अफ़ग़ान परिवार भी रहते थे। इनके पास ऊंट होते थे। ये लोग बहुत बहादुर माने जाते थे और इन्हें बन्दूक चलानी आती थी। हैबत, केसरी खां और बुरहान बलोच राज्य के प्रति वफ़ादार माने जाते थे। इन्हीं लोगों को भानगढ़ से आमेर खज़ाना देकर भेजा जाता था। इस प्रकार पेशेवर जातियों के लोग अपने–अपने पेशों में बंटे हुए थे जो सामाजिक आचारसंहिता के ढांचे में रहकर कस्बे में एक महत्वपूर्ण भूमिका अदा करते थे।

भानगढ़ कस्बे में लुहारों की विशेष महत्वपूर्ण भूमिका थी। उनका अलग बाज़ार था। लुहारों का बाज़ार हनुमान पोल से दक्षिण की तरफ़ होता था। मध्यकाल में भानगढ़ की पहाड़ियों से लोहा प्रचुर मात्रा में निकाला जाता

था। ब्रिटिश अधिकारी Powlett लिखते हैं कि भानगढ़ के आसपास की पहाड़ियों में कच्चा लोहा बड़ी मात्रा में निकाला जाता था जिसको भट्ठियों में तैयार किया जाता था। उन्होंने अपने एक सर्वे में 200 पुरानी भट्ठियों का पाया जाना लिखा है। इससे पता चलता है कि इस इलाके में लोहे की उपलब्धता के कारण लुहारों की मांग बहुत बढ़ गई थी। भानगढ़ में लुहार आमेर राज्य के लिए लोहे के हथियार बनाते थे, खासतौर से रामचंगी बन्दूक और रहकलां (छोटा तोपखाना) तैयार करते थे। पहले रामचंगी बन्दूक भारी होती थी, मगर बाद में हल्की बनने लगी जिनको अकेला व्यक्ति भी चला सकता था। रहकला छोटी तोप को कहा जाता था। रहकला बनाने में ताम्बे की बहुत मोटी चद्दर का प्रयोग किया जाता था। खोह दरीब (भानगढ़ के नज़दीक) की खान से कच्चा ताँबा निकाला जाता था जिससे भट्ठियों को तैयार किया जाता था। भानगढ़ में तोपखाना अलग से विभाग होता था। सन् 1713 ई. में 630 रुपये 4 आने का सोरा गोला का बारूद बनाने के लिए खरीदा गया। एक अर्ज़दासत दस्तावेज़ के अनुसार सन् 1666 ई. में भेरा व कसाब (वर्तमान पाकिस्तान) से बलोच व्यापारी फिटकरी लेकर आते थे। फिटकरी से गोला के लिए बारूद तैयार किया जाता था। लौटते समय वे रूई (कपास) भरकर ले जाते थे। सन् 1710 ई. में भानगढ़ से तोपखाना कोटड़ी से 20 मन दारू और 20 मन गोली सीसा आमेर से मंगवाया गया। इससे पहले सन् 1690 ई. में एक अर्ज़दासत रिपोर्ट

के अनुसार लुहारों द्वारा तैयार की गई 51 बन्दूकों की कीमत 497 रूपये होती थी, जिनमें तीन बन्दूक फूटी होने के कारण लुहारों को वापस लौटा दी गई। सन् 1690 ई. की ही एक अन्य रिपोर्ट के अनुसार, 5000 रुपये का शीशा खरीदा गया जिसको गलाकर बन्दूक की गोलियाँ बनाईं गईं। मोहम्मद ईनाइत, मोहम्मद बुरहान और बीरहाम लुहार भानगढ़ में अपने हुनर की वजह से बहुत लोकप्रिय थे। ये काम करने का ईजारा भी लेते थे। इनके द्वारा बनाई गई बन्दूकें व रहकलां उत्तम किस्म की मानी जाती थी। लुहारों से राज्य मुचलका (undertaking) लेता था कि वे दुश्मन भोमियों के लिए हथियार न तो बनाएंगे और न ही उन्हें बेचेंगे। हथियारों के अतिरिक्त लुहार बाज़ार के लोगों की ज़रूरत की चीजें, मसलन किसानों के लिए खेती में प्रयोग होने वाले लोहे के औज़ार भी बनाते थे। लुहार सभी तरह की प्रयोग में होने वाली चीजें बनाते थे जैसे बर्छी, चाकू, कुल्हाड़ी, भाले, तलवार आदि।

जैसा कि हमने पहले भी चर्चा की है कि भानगढ़ एक व्यापारिक कस्बे के अतिरिक्त परगना मुख्यालय भी होता था। यहाँ पर अनेक परगना अधिकारियों के कार्यालय व निवास बने हुए थे, जिनकी अलग–अलग प्रशासनिक ज़िम्मेदारियाँ होती थीं। इन अधिकारियों के कार्यालय व आवास आमेर दरवाज़े की तरफ़ बने हुए थे जैसे कुशलसिंह फौजदार, अमरचन्द आमिल और केशरीसिंह आमीन के सरकारी कार्यालय। फौजदार का कार्य था कानून व्यवस्था को बनाए रखना, चोरों को पकड़ना,

भू–राजस्व न चुकाने वाले गाँव व किसानों के खिलाफ़ सैनिक कार्यवाही करना आदि। आमील परगने का सबसे बड़ा कार्यकारी अधिकारी होता था जिसका कार्य पटेल और पटवारियों की सहायता से परगने के सभी गाँवों का भू–लगान सम्बन्धित रिकार्ड तैयार करवाना व भू–लगान इकट्ठा करवाना होता था। अमीन का कार्य परगने की कृषि योग्य भूमि की पैमाईश करवाना होता था। थानेदार का कार्य भानगढ़ कस्बे में कानून–व्यवस्था, चोरी आदि पर विशेष ध्यान देना होता था। भानगढ़ में चार दरोगा होते थे जैसे मुरारीदास भानगढ़ कस्बे का दरोगा था। खज़ाने का दरोगा हरसूख कायस्थ था। दुलीचन्द महाजन कोट (ज़िले) का दरोगा था। बागों का दरोगा किसनाराम गुजराती था। गोविन्दा मीणा खज़ाने का पहरेदार था।

हम थोड़ी चर्चा भानगढ़ कस्बे में हर दिन घटित होने वाले अपराधों और अपराधियों को राज्य की ओर से दिए जाने वाले दंडों की करेंगे। इससे अपराधों के प्रति भानगढ़ शासन की अवधारणा का भी पता चलेगा। हमारे पास सन् 1713 ई0 के कुछ मामलों की जानकारी है जो आमील के दफ्तर में दर्ज किये गए थे। आनन्द अग्रवाल को चमचोरी (बलात्कार) के मामले में राज्य ने 151 रुपये जुर्माना भरने का आदेश दिया था। इसी तरह पेमा महाजन भी चमचोरी के मामले में पकड़ा गया और उस पर राज्य द्वारा जुर्माना लगाया गया। एक अन्य मामला सुरवा सुन्नार के खिलाफ दर्ज किया गया था जिसमें सुरवा पर अपने बेटे की बहू के साथ बलात्कार करने का आरोप था, राज्य ने उस

पर 51 रुपये का जुर्माना किया था। नाथ भगत की बेटी के बलात्कार का मामला भी दर्ज किया गया था जिसमें अपराधी पर केवल 6 रुपये ही जुर्माना लगाया गया था। इसी तरह रवेमा ब्राह्मण के बेटे को दोला ब्राह्मण की बेटी से बलात्कार करने के अपराध के लिए 41 रुपये का जुर्माना भरने का आदेश दिया गया था।

उपरोक्त मामलों का मूल्यांकन करना आवश्यक है। स्पष्टतः राज्य ने अपराधियों पर जुर्माने की रकम अलग–अलग लगाई थी जबकि अपराध एक जैसा था। आनन्द अग्रवाल ने अविवाहित लड़की से बलात्कार किया था जो उसकी दुकान पर अनाज साफ़ करने का काम करती थी। राज्य इस तरह के अपराध को सबसे बड़ा और घृणित मानता था क्योंकि आनन्द अग्रवाल उम्र में लड़की के पिता की आयु का था और सम्मानीय पेशा और जाति का होने के कारण समाज की सामाजिक संहिता का उल्लंघन किया था। दूसरी तरफ, पेमा महाजन ने एक शादीशुदा औरत से बलात्कार किया था जिस पर 41 रुपये का जुर्माना किया गया था। इस मामले में औरत के पति ने शिकायत की थी कि वह घर से बाहर गया हुआ था। पीछे से पेमा महाजन ने उसके घर में घुसकर उसकी पत्नी के साथ बलात्कार किया। इस मामले में औरत उम्र में भी बड़ी थी और पेमा महाजन पहले से ही उस औरत को जानता था। दूसरे मामले में सुखा सुनार ने अपने बेटे की बहू के साथ बलात्कार करके सम्बन्धों की सामाजिक मर्यादाओं का घोर उल्लंघन किया था।

एक अन्य मामले में नाथ भक्त की बेटी से उसी की जाति के लड़के ने बलात्कार किया था जिस पर केवल 6 रुपये का जुर्माना लगाया गया था। इसमें दोनों निम्न जातियाँ अर्थात् बैरागी जाति से थे और दोनों की आयु एक समान थी इसलिए इस प्रकार के मामले समाज में सामान्य समझे जाते थे। दूसरी तरफ खेमा ब्राह्मण के बेटे पर इसी प्रकार के ही अपराध के लिए 41 रुपये का जुर्माना लगाया गया था क्योंकि लड़की ब्राह्मण जाति से सम्बन्धित थी। दोनों की आयु भी एक जैसी थी, फिर भी जुर्माने की बड़ी रकम लगाई गई। वस्तुतः ऊंची जाति विशेषकर ब्राह्मण जाति से यह अपेक्षा की जाती थी कि वे सामाजिक आचार संहिता को बनाएँ रखेंगे।

इस प्रकार हमने देखा कि समान अपराध पर राज्य का मानदण्ड व आकलन अलग–अलग होता था। जाति, वर्ग, हैसियत, आयु, अपराध की प्रकृति आदि का ध्यान रखकर ही राज्य सज़ा तय करता था।

चोरी से सम्बन्धित कुछ अपराध भी दर्ज किये गये थे – जैसे भोजा सुनार ने किसी चोर से चोरी की चांदी खरीदी। इसकी खबर मिलने पर राज्य ने उस पर 3 रुपये का जुर्माना लगाया। रूपसी महाजन ने राहदारी टैक्स की चोरी की अर्थात् अपना माल राहदारी कर चुकाये बगैर बाज़ार में ले आया जिस पर 22 रुपये का जुर्माना किया गया। दमोदर महाजन ने अनाज किसी दूसरी जगह भेजा, मगर जब अनाज को तोला गया तब अनाज तोल में पूरा

नहीं था। इस बात पर राज्य ने दमोदर महाजन पर 18 रुपये का जुर्माना किया। गोधा कलाल के घर में दारू पकड़ी गई जिस पर गुनहगारी का 5 रुपये का जुर्माना किया गया था।

कुशला और दयाराम बंजारों से 104 रुपये का गुनहगारी कर लगाया गया। आमिल ने बंजारों को सरकारी माल को आमेर ले जाने के लिए बुलाया था मगर दोनों बंजारों ने अस्वस्थ होने का बहाना बनाया और नहीं आए। बाद में आमिल को पता चला कि दोनों बंजारे महाजनों का माल भर कर बाहर चले गए। इस बात पर दोनों बंजारों को आमील के दफ़्तर में लाया गया और उन पर राज्य के आदेशों की अवहेलना करने पर जुर्माना किया गया। उपर्युक्त विवरणों से यह प्रतीत होता है कि भानगढ़ वाणिज्य और व्यापार के दृष्टिकोण से काफी विकसित कस्बा होता था।

भानगढ़ का सैनिक दृष्टिकोण से महत्व

भानगढ़ की बसाहत के पीछे आमेर शासक भगवन्तदास की यह समझ भी थी कि पूर्वी राजस्थान में आमेर राज्य के विस्तार में सैनिक दृष्टिकोण से भानगढ़ की महत्वपूर्ण भूमिका होगी। राजस्थानी दस्तावेज़ों से पता चलता है कि विद्रोही ज़मींदारों के विरुद्ध आमेर राज्य की सैनिक कार्यवाही में भानगढ़ की महत्वपूर्ण भूमिका होती थी।

मुग़ल बादशाह अकबर ने भानगढ़ की जागीर माधो सिंह को दी थी जिसमें गाज़ी का थाणा का पूरा इलाका शामिल था। यह इलाका सामाजिक दृष्टिकोण से मीणा जाति के आधिपत्य में था। मुग़ल राज्य की स्थापना की शुरुआत में शाही मनसबदारों को इस इलाके में मीणाओं से गम्भीर चुनौती का सामना करना पड़ा था। अलवर राज्य के गैर अभिलेखीय दस्तावेज़ों में दिए गए विवरणों से पता चलता है कि इस इलाके में मीणाओं ने पहाड़ियों की घाटियों में अनेक ठिकाने बना रखे थे जैसे क्यारा, नरहट, बलदेवगढ़, माधोगढ़, किटला और विरकड़ी आदि। ठिकाने बनाने का प्रमुख उद्देश्य चोरी–डकैती को प्रभावी तरीके से नियंत्रित करके अंजाम देना था। प्रत्येक ठिकाने में बड़ी संख्या में मीणा लोग होते थे और प्रत्येक ठिकाने का एक सरदार (खूटेल) होता था। आमतौर से ठिकाने में एक ही तड़ (गौत्र) के लोग शामिल होते थे। इस तरह से अलग–अलग तड़ के ठिकाने बने हुए थे। ये लोग दूर–दूर तक चोरी को अंजाम देते थे। चोरी के माल को ठिकाने में सुरक्षित छिपा कर रखा जाता था, जिसे आपस में बांट लिया जाता था। इनमें सबसे बड़ा ठिकाना क्यारा का होता था जिसका मुखिया मोकलसी मीणा होता था। इसी तरह का एक ओर बड़ा ठिकाना नरहड़ होता था जिसका मुखिया बादा मीणा होता था। अकबर को इन ठिकानों को नष्ट करने के लिए सैन्य कार्यवाही के लिए भारी मशक्कत करनी पड़ी थी। अकबर इस तथ्य को समझते थे कि इस

इलाके में मीणाओं की गतिविधियों को नियंत्रित कर पाने के लिए और कानून–व्यवस्था को बनाए रखने के लिए कछवाह राजपूतों के बगैर सम्भव नहीं होगा। इसलिए यह पूरा इलाका भानगढ़ की जागीर के नाम से माधो सिंह को दिया गया। यह जागीर तनखाह जागीर की तरह नहीं थी जिसका 3–4 वर्ष बाद तबादला होता रहता था। यह लम्बी अवधि के लिए दी गई थी जिससे मीणाओं की चोरी–डकैती की गतिविधियों को नियंत्रित किया जा सके। इसलिए भानगढ़ की जागीर वतन जागीर के रूप में आमेर के राजावत राजपूतों के नाम बनी रही। इसी तरह की जागीर कामा की भी होती थी जिसे शाहजहां ने मिर्ज़ा राजा जय सिंह के लड़के किरत सिंह को लम्बे समय के लिए कामा पहाड़ी के इलाके में पहाट मेवों के उपद्रवों को रोकने के लिए दी गई थी, जो बाद में वतन जागीर बन गई थी। इसलिए भानगढ़ की जागीर भी वतन जागीर होती थी जो माधो सिंह की मृत्यु उपरान्त उसके वंशजों को मिलती रही। भानगढ़ की जागीर आमेर के कछवाह राजपूतों को देने का प्रभाव यह हुआ कि धीरे–धीरे मीणाओं ने चोरी–डकैती छोड़कर कृषक बन गए। यह तथ्य राजस्थानी श्रोतों से पता चलता है कि पूर्वी राजस्थान के मीणा अपनी परम्परागत चोरी–डकैती को छोड़कर खेती करने लगे। इसलिए यहाँ के मीणा ज़मींदार मीणा कहलाते हैं।

यह इलाका (भानगढ़, राजगढ़, टहला, माचेड़ी और देवती) परम्परागत रूप से बड़गूज्जर राजपूतों के वर्चस्व

में रहा है। *आइन–ए–अकबरी* से पता चलता है कि इस इलाके में ज़्यादातर ज़मींदारियाँ बड़गूज्जर राजपूतों की थी। कृषि उत्पादन के दृष्टिकोण से भी यह इलाका काफी उपजाऊ रहा है इसलिए इस इलाके की महत्ता को देखते हुए आमेर शासक भगवन्तदास ने यहाँ के बड़गूज्जर राजपूतों के साथ वैवाहिक सम्बन्ध स्थापित किए। अपने छोटे बेटे माधो सिंह का विवाह तितरवाड़ा के बड़गूज्जर की बेटी बाई रत्नावती से किया। मगर शाहजहाँ के शासनकाल में बड़गूज्जर राजपूतों और आमेर शासकों के बीच संबंधों में काफी तनाव बढ़ गया था। इसका कारण यह था कि शाहजहाँ के दरबार में आमेर शासक का राजनैतिक प्रभाव बढ़ गया था, जिसके कारण आमेर राजा को पूर्वी राजस्थान के अनेक परगने तनख्वाह जागीर में दिए गए थे। इस कदम से कछवाह राजपूतों का हस्तक्षेप इस इलाके पर काफी बढ़ गया था जिसका परिणाम यह हुआ कि कछवाह राजपूतों ने इस इलाके के अनेक परगनों में अपनी नई जमींदारियाँ स्थापित कर ली जिसके कारण बड़गूज्जर राजपूतों को अपनी परम्परागत ज़मींदारियों से हाथ धोना पड़ा। सन् 1630 ई. में शाहजहाँ ने देवती सांचारी का परगना मिर्जा राजा जय सिंह को तनख्वाह जागीर में दे दिया जिससे बड़गूज्जर राजपूतों को उनकी परम्परागत ज़मींदारियों से बेदखल कर दिया गया। बड़गूज्जर राजपूतों ने (परसाराम और सबलासिंह बड़गूज्जरों के नेतृत्व में) विद्रोह कर दिया। इनके विद्रोह को दबाने के लिए सैनिक कार्यवाही

करने के लिए भानगढ़ की विशेष भूमिका थी। एक फ़रमान जारी करके मुग़ल बादशाह शाहजहां ने चौहान व जादव राजपूतों को चेतावनी दी कि वे विद्रोही बड़गूज्जरों को अपने इलाकों में पनाह न दें।

सन् 1687 ई. में आमेर के राजा ने टहला व राजोर के बड़गूज्जर राजपूतों को उनकी परम्परागत ज़मींदारियों से बेदखल कर दिया। इस इलाके पर अपना दबदबा कायम रखने के लिए सवाई जयसिंह ने टहला और कांकड़वाड़ी में किलों का भी निर्माण किया। हृदय राम बड़गूज्जर सबसे बड़ा भूमिया था जिसने परगना भड़कोल और जलालपुर के सभी गाँवों पर अपना अधिकार का दावा किया था। हृदयराम बड़गूज्जर राजपूतों का सबसे बड़ा सरदार माना जाता था जिसने खूटेटां कलां में पहाड़ पर अपनी गढ़ी (छोटा किला) बना रखी थी। वह आमेर के राजा के लिए एक बड़ी चुनौती बन गया था। सन् 1704 ई. में भानगढ़ की मदद से आमेर के राजा की सैनिक कार्यवाही में वह मारा गया। इसी तरह से भानगढ़ की भूमिका प्रतापसिंह नरूका के खिलाफ सैनिक गतिविधियों में भी रही हैं। प्रतापसिंह नरूका परगना मालपुरा में मोजा सोढ़ा का भोमिया था। वह आमेर के राजा के खिलाफ विद्रोही होकर दुरजन सिंह हाडा और राठेड़ों की सहायता से बार–बार मालपुरा पर आक्रमण करता था जिसमें आमेर के राजा के अनेक बहादुर सरदार मारे गए थे। सन् 1680 ई. से 1686 ई. तक उसके खिलाफ अनेक सैनिक अभियान किए गये। भानगढ़ के फौजदार राजसिंह राजावत को आदेश

दिया गया था कि वे प्रतापसिंह नरूका के खिलाफ फौजी कार्यवाही में सहयोग करें। इस प्रकार भानगढ़ आमेर राज्य के विरुद्ध होने वाले ज़मींदारों के विद्रोहों को दबाने में महत्वपूर्ण भूमिका निभाता रहा।

भानगढ़ का राजनैतिक इतिहास

ब्रिटिश अधिकारी मेजर पाऊलैट ने अलवर राज्य के गेज़ैटेर में भानगढ़ की जागीर के शासकों की सूची पेश की है जो इस प्रकार हैः

भगवानदास
माधोसिंह
चतर सिंह
अजब सिंह
काबली सिंह
जसवन्त सिंह

भगवन्तदास के बेटे माधो सिंह को अकबर बादशाह से भानगढ़ की जागीर मिली थी। माधोसिंह भगवन्तदास के छोटे बेटे थे। भगवानदास भगवन्तदास के छोटे भाई थे। दोनों भारमल के बेटे थे। मेजर पाऊलैट भगवन्तदास और भगवानदास को एक व्यक्ति ही समझने की भूल कर बैठे थे।

ऐतिहासिक सूचनाओं के अभाव में भानगढ़ का राजनैतिक इतिहास कालक्रमानुसार समझना व लिखना कठिन कार्य है। राजस्थानी श्रोतों में भी भानगढ़ से सम्बन्धित सूचनाएँ कम मिलती हैं। फिर भी हम कुछ ऐतिहासिक सूचनाओं के आधार पर भानगढ़ के राजनैतिक इतिहास को समझने का प्रयास करेंगे। भानगढ़ आमेर राज्य की एक वतन जागीर होती थी जिस पर पूरा नियंत्रण राज्य का होता था। तनख्वाह जागीर की प्रकृति हस्तांतरणीय होती थी जो निश्चित अवधि के लिए दी जाती थी। मगर वतन जागीर का तबादला नहीं होता था। वतन जागीर पर राजा का पूरा नियंत्रण होता था, उसका उस पर प्रशासन करने का अधिकार होता था। मुग़ल बादशाह अकबर ने भानगढ़ की जागीर आमेर के कछवाह राजा मानसिंह को वतन जागीर के रूप में दी थी। राजा मानसिंह ने इस जागीर को अपने छोटे भाई माधोसिंह के नाम कर दी गई। बाद में राजा मानसिंह ने यह फैसला किया कि भानगढ़ की जागीर हमेशा के लिए माधोसिंह के ही वंशज में बनी रहेगी। इस आधार पर भानगढ़ की जागीर के वारिस माधोसिंह के वंशज ही बनते रहे। आमतौर से भानगढ़ के जागीरदारों (वारिस) को शासक (राजा) के रूप में ही सम्बोधित किया जाता रहा है। इसलिए भानगढ़ का पहला शासक माधोसिंह था जिसने वहाँ पर सन् 1599 ई. में एक छोटे से किले का निर्माण किया था। किले की पहली मंज़िल पर उन्होंने अपनी पत्नी रत्नावती के रहने के लिए आवास बनाया था जिसे रानी रत्नावती का महल कहते हैं।

रानी रत्नावती बहुत बड़ी वैष्णव भक्त थीं। वह श्रीकृष्ण की भक्ति के प्रति समर्पित थीं। इसलिए उनके आवास में भी गोपीनाथ जी का मन्दिर बनवाया गया था। हमें माधोसिंह के कार्यकाल से सम्बंधित भानगढ़ की कोई विशेष जानकारी नहीं मिलती। इसका एक कारण यह है कि माधोसिंह अकबर के दरबार में एक शाही मनसबदार भी होता था जिसका ज़्यादातर समय अकबर के साथ सैनिक अभियानों में लगता था। कच्छवाहों के इतिहास में लिखा है कि अकबर भगवन्तदास पर बहुत विश्वास करता था। जब भी अकबर सैनिक अभियान पर जाते थे वे महल की ज़िम्मेदारी, शाही औरतों की रखवाली की ज़िम्मेदारी राजा भगवन्तदास पर छोड़कर जाते थे। सन् 1580 ई. में भगवन्तदास की मृत्यु उपरान्त अकबर यह ज़िम्मेदारी माधोसिंह को देने लगे। माधोसिंह अकबर के विश्वासपात्रों में होता था इसलिए माधोसिंह ने अपना अधिकांश समय मुग़ल राज्य की सेवा में ही लगाया। माधोसिंह जहांगीर के शासनकाल में भी व्यस्त रहते थे क्योंकि उन्होंने अमीरों के उस ग्रुप में सक्रिय भूमिका निभाई थी जो अकबर की मृत्यु के उपरान्त खुसरो की बजाय जहांगीर को मुग़ल बादशाह बनाना चाहते थे। शाही मनसबदारों में माधोसिंह का ओहदा 3000/2000 जात/सवार का होता था। यह औहदा राजपूत राजाओं को मिलता था। *मान प्रकाश* में लिखा है कि माधोसिंह बहुत बलशाली और वीर था। उसने हल्दीघाटी की लड़ाई

में राणा के खिलाफ बहुत बहादुरी से लड़ाई लड़ी थी। गुजरात अभियान में भी माधोसिंह अकबर बादशाह के साथ थे। इसलिए अकबर माधोसिंह से बहुत खुश रहते थे। आगरा में किले के पास ही माधोसिंह के लिए एक महल हवेली बनवाई गई थी जहाँ पर अनेक प्रकार के संगीतकार आते रहते थे। माधोसिंह के बारे में बताया जाता है कि उन्हें पहलवानी करने का बड़ा शौक था। उनकी मृत्यु की तिथि की सही जानकारी नहीं है। मगर उनकी मृत्यु आमेर के महल के झरोखे से गिरकर हुई थी। वहाँ पर उनके सम्मान में महल के नीचे एक चबूतरा बनाया गया है।

माधोसिंह शाही सेवा में व्यस्त रहने के कारण भानगढ़ का प्रशासन अपने एक विश्वासपात्र, सोमानाई के माध्यम से चलाते थे। माधोसिंह के शासनकाल में भानगढ़ का गठन एक परगने के रूप में नहीं हुआ था। इसलिए भानगढ़ के प्रशासनिक ढांचे की जानकारी नहीं है। सोमानाई एक विश्वासपात्र सेवक था जिसकी भानगढ़ के विकास में महत्वपूर्ण भूमिका रही है। इन्होंने भानगढ़ परिसर में दो मन्दिर बनवाएँ थे। एक सोमेश्वर महाराज (महादेव जी) के मन्दिर का निर्माण करवाया और दूसरा हनुमानजी का मंदिर बनवाया जिसमें हनुमान जी की एक विशाल मूर्ति लगवाई गई। मन्दिरों के अलावा सोमानाई ने भानगढ़ की जागीर की आमदनी बढ़ाने के लिए कुछ कदम उठाएँ। भानगढ़ 120½ बीघा ज़मीन में बागवानी करवाई। इनमें से

कुछ बाग सोमानाई द्वारा बनवाएँ गए थे। सोमेश्वर मन्दिर के पास ऊपर पहाड़ियों से पानी झरने के रूप में नीचे गिरता रहता है। झरने के पानी से नाली के माध्यम से बागों की सिंचाई की जाती थी। सभी बाग भानगढ़ कस्बे के साथ में ही बनाएँ गए थे। बाग अलग–अलग भूमि में विभाजित किए गए थे जो इस प्रकार हैः

बाग महताब वाला	:	4 बीघा
बाग महादेव वाला	:	10½ बीघा
बाग मुकर वाला	:	4 बीघा
बाग चोहाणों वाला	:	5½ बीघा
मोती बाग	:	2½ बीघा
सोनगरीबाग	:	8½ बीघा
बाग सीस्पो वाला	:	7½ बीघा
सुन्दर बाग	:	21 बीघा
अजब बाग	:	19 बीघा
बाग सोमा वाला	:	7 बीघा
सुजाण बाग	:	15 बीघा
रंग बाग	:	20 बीघा

इस तरह से भानगढ़ के आसपास 120½ बीघे में बाग बने हुए थे। इन बागों में आंवला, नींबू, गन्ना, सब्ज़ियां आदि उपजाये जाते थे। माधोसिंह की मृत्यु के उपरान्त उनके बेटे छत्रसिंह भानगढ़ की जागीर के वारिस बनें।

भानगढ़ में छत्रसिंह का शिलालेख विक्रम संवत 1676, (सन् 1619 ई.) वदि 13 का मिला है। इससे यह प्रतीत होता है कि माधोसिंह की मृत्यु भी सन् 1619 ई. में हुई होगी। क्योंकि यह शिलालेख छत्रसिंह के सिंहासन रोहण के समय का होगा। माधोसिंह के तीन पुत्र थे, सुजाण सिंह, छत्रसिंह और तेजसिंह। सुजाण सिंह की छतरी भानगढ़ में बनी हुई है, गगर तेजसिंह के बारे में कोई जानकारी नहीं मिलती। संभवतः तेजसिंह की किसी मुग़ल सैनिक अभियान में मृत्यु हो चुकी होगी। छत्रसिंह का मनसब जहांगीर के शासनकाल में 1500/1000 जात/सवार होता था जो शाहजहां के शासनकाल में बढ़कर 1500/1500 जात/सवार हो गया था। भानगढ़ से सम्बन्धित छत्रसिंह के शासनकाल की कोई जानकारी नहीं मिलती है।

मुहणोत नयैनसी के अनुसार छत्रसिंह की मृत्यु सन् 1629 ई. में खानेजहां पठान से लड़ते हुए हुई थी, साथ में उनके दो बेटे भीमसिंह और आनन्द सिंह भी मारे गए थे। मगर निवाई के पास एक तालाब पर छत्रसिंह की छतरी बनी हुई है जिस पर सन् 1624 ई. लिखा हुआ है। सम्भवत छत्रसिंह और खानजहां पठान की वहां पर लडाई हुई होगी जिसमें छत्रसिंह मारा गया होगा। इसलिए नयैनसी द्वारा बताई गई तारीख सही नहीं लगती। छत्रसिंह की मृत्यु उपरान्त उनके बेटे अजबसिंह भानगढ़ के वारिस बने। अजबसिंह ने सन् 1635 ई. में भानगढ़ से 15 किलोमीटर दूर अजबगढ़ नाम से एक नया

कस्बा स्थापित किया। कस्बा चारों तरफ़ से खूबसूरत पहाड़ों की वादियों में सोमसागर झील के किनारे बसाया गया। माधोसिंह के कर्मचारी सोमानाई ने सन् 1597 में पहाड़ों के पानी को रोककर बान्ध बनवाया था, इसको सोमसागर के नाम से जाना जाता है। सोमसागर की पाल पर शिलालेख में लिखा है कि महाराजा श्री माधोसिंह के प्रताप से सोमसागर बना था। अजबगढ़ बाघों के शिकार के लिए अलवर व भरतपुर के शासकों के लिए सबसे अनुकुल जगह थी। गैर अभिलेखीय दस्तावेज़ के अनुसार इन राज्यों के शासकों द्वारा बाघों का शिकार करने वालों को परमिट दिए जाते थे। इस उद्देश्य के लिए यहाँ पर शिकारियों के लिए शिकारगाह भी बनाए गए।

नया कस्बा बसाने से पहले यह जगह नाथपन्थियों के नाम से जानी जाती थी। कस्बे से पूर्व में एक पहाड़ी है जहाँ पर बाड़ीनाथ जोगी साधु समाधि स्थल है। ऐसा माना जाता है कि बाड़ीनाथ जोगी ने यहाँ पर जीवित अवस्था में ही समाधि ली थी तब से यहाँ के लोग उनको सम्मान से याद करते हैं। आम धारणा बनी हुई है कि अधिक जल प्रवाह या ओलावृष्टि के समय उनकी समाधि स्थल पर शंख बजाने से अनहोनी टल सकती है। अजब सिंह ने सन् 1635 ई. में अजबगढ़ कस्बे की नींव रखी। कस्बे को चारों तरफ़ से परकोटा बनवाकर सुरक्षित बनाया गया। जल्दी ही कस्बे में व्यापारियों और महाजनों ने अपनी दुकानें व आवास बनाकर उसको आबाद किया। परकोटों पर विशाल दरवाज़े बनवाए गए। यहाँ पर

14 हरि मन्दिर, 7 शिवालय, 2 जैन मन्दिर और अनेक देवी देवताओं के मन्दिर बनवाएँ। इस प्रकार धार्मिक दृष्टिकोण से अजबगढ़ की छवि भी भानगढ़ की तरह एक वैष्णव धर्म के बड़े महत्वपूर्ण स्थान के रूप में विकसित की गई। अजबसिंह ने यहाँ 5 बाग और बावड़ियां बनवाई। यहाँ पर एक पुरानी मस्जिद और ईदगाह है तथा अजबसिंह के दीवान कपूरशाह की खानगाह है। बताया जाता है कि कपूरशाह अजबगढ़ के दीवान थे और वे साधु के वेश में रहते थे। उन्होंने जीवित अवस्था में ही समाधि ली थी। अजबगढ़ में आम के पेड़ बहुत हैं और यहाँ के आम बड़े–बड़े होते हैं। भानगढ़ के साथ ही अजबगढ़ भी उजड़ गया था।

अजबसिंह की सन् 1638 ई. में मृत्यु हो गई। अजबसिंह के दो पुत्र थे – काबली सिंह और हरीसिंह। अजबसिंह की मृत्यु उपरान्त भानगढ़ की जागीर काबली सिंह को दी गई थी मगर एक वर्ष बाद ही काबली सिंह की मृत्यु हो गई थी। हरीसिंह ने भानगढ़ की जागीर की मांग की मगर भानगढ़ की जागीर का वारिस हरीसिंह को न बनाकर काबलीसिंह के बड़े बेटे जसवन्त सिंह को बना दिया गया। इस बात पर हरीसिंह आमेर के शासक मिर्ज़ा राजा जयसिंह से नाराज़ भी हुआ क्योंकि हरीसिंह को पहले से ही थाना गाज़ी परगने में पिपलाई की जागीर मिली हुई थी। मगर कुछ राजस्थानी दस्तावेज़ों से पता चलता है कि कुछ वर्ष बाद भानगढ़ की जागीर हरीसिंह को दी गई थी। भानगढ़ से सम्बन्धित कुछ दस्तावेज़ों

में महाराजा हरीसिंह का सम्बोधन मिलता है जिन्होंने कुछ नाथपन्थी जोगियों को भूमि अनुदान की हुई थी। संभवतः काबली सिंह की मृत्यु (1640 ई.) के उपरान्त भानगढ़ का वारिस हरीसिंह को ही बनाया गया था। भानगढ़ में उनके शासनकाल से सम्बन्धित दो शिलालेख मिले हैं संवत 1721/1722 अर्थात सन् 1664 और 1665 ई. हरीसिंह के शासनकाल में भानगढ़ में गोपीनाथ का मंदिर सन् 1665 ई0 में बनवाया गया था। भानगढ़ की कुलदेवी मंगलामुखी का मंदिर भी हरीसिंह के शासनकाल में बना था। हरीसिंह के शासनकाल में भानगढ़ व्यापारिक और धार्मिक दृष्टिकोण से अपने उच्चतम शिखर पर था। संभवतः हरीसिंह का शासनकाल काफ़ी लम्बा रहा। सन् 1663 ई. में हरीसिंह द्वारा कस्बा हरनेर में रीघनाथ व बावलनाथ जोगी नाथपन्थी के आसन को 50 बीघा ज़मीन ईनाम में दी गई।

हरीसिंह की मृत्यु के उपरान्त भानगढ़ की गद्दी का वारिस हरीसिंह के बेटों को न बनाकर हिन्दुसिंह के पौत्र सावन्तसिंह को बना दिया गया था। अजबगढ़ के गैरअभिलेखीय दस्तावेज़ों में लिखा है कि माधोसिंह के पुत्र छत्रसिंह और सुजान सिंह के वशंजो में आपसी द्वेष, दुश्मनी बढ़ने के कारण भानगढ़ के राजावत खाक हो गए. हिन्दु सिंह के पौत्र सांवत सिंह और अजब सिंह के पुत्र काबली सिंह का आपसी बैर के चलते हुक्का पानी बन्द था। एक दूसरे को मरने मारने पर उतारु रहते थे। यह दुश्मनी लड़ाई में बदल गई। लड़ाई में दोनों तरफ़

से सैकड़ों राजपूत मारे गए। इस संघर्ष के दौरान ही हरिसिंह के दो पुत्रों ने इस्लाम धर्म अपना लिया। जिन्होनें अपने नाम मोहम्मद कुलीच और मोहम्मद दहलीज़ रखे। भानगढ़ की जागीर की लड़ाई छत्रसिंह और सुजान सिंह (माधोसिंह के पुत्र) के वंशजों मे भीषण संघर्ष के रूप में फुट पड़ी। सन् 1689 ई. के एक अर्ज़दासत के अनुसार सांवतसिंह की सैनिक मदद के लिए किल्याणवत भी साथ आए थे। इस लड़ाई में 65 राजपूत मारे गए और लगभग 100 घायल हो गए थे। निश्चित तौर पर भानगढ़ के इतिहास में यह एक राजनैतिक संकट का दौर था। सन् 1689 ई. के एक अर्ज़दासत के अनुसार भानगढ़ का शासक सावन्तसिंह राजावत होता था। अर्ज़दासत के अनुसार आमेर के दीवान ने सावंतसिंह राजावत को अपनी सैनिक टुकड़ी के साथ नरूका राजपूतों को सज़ा देने के लिए बसवा में बुलाया था। सावंतसिंह के शासनकाल का समय कब तक रहा, इसकी कोई जानकारी नहीं है मगर एक अर्ज़दासत के अनुसार सन् 1704 ई. में भानगढ़ की जागीर के वारिस गुमानसिंह, जोधसिंह और रतनसिंह होते थे। भानगढ़ से सम्बन्धित इनके बारे में अनेक सूचनाएँ मिलती हैं। इनको हृदयराम बड़गूज्जर (परगना भड़कोल का भोमिया) के खिलाफ़ सैनिक कार्यवाही में शामिल होने के लिए समय–समय पर बुलाया जाता था। इसके बाद सन् 1709 ई. की जानकारी मिलती है जिसमें मीरखां नवाब नारनौल का फौजदार 5000 सैनिकों के साथ भानगढ़, अजबगढ़ और

थाना गाज़ी परगनों के गाँवों में किसानों से लूटमार करने आये थे, विशेषकर फोजदार मीरखां ने राजावतों के गाँवों पर आक्रमण किया। दरअसल मुग़ल बादशाह बहादुरशाह सवाई जयसिंह को प्रताड़ित करने के लिए उसके इलाके में नारनौल के फौजदार से लूटमार करवा रहे थे, क्योंकि सवाई जयसिंह ने उनके सिंहासन रोहण में साथ नहीं दिया था। वे विरोधी खेमे में शामिल थे। इसी बात का बदला सवाई जयसिंह से लिया जा रहा था। उस समय भानगढ़ की तरफ़ से मीरखां से समझौता करने के लिए आमेर से जीतमल जी आये थे। सन् 1713 ई. के सवाई जमाबन्दी दस्तावेज़ में भानगढ़ के किसी शासक का नाम नहीं मिलता। आमेर के दीवान की तरफ से भानगढ़ का प्रशासन वहाँ के आमील, फौजदार व थानेदारों के माध्यम से चलाया जा रहा था। सम्भवतः इस समय भानगढ़ का वारिस हरीसिंह का बड़ा बेटा छज्जूसिंह रहा होगा क्योंकि छज्जूसिंह की हत्या करके सन् 1714 ई. में मोहम्मद कुलीच और मोहम्मद दहलीज़ ने भानगढ़ की जागीर पर नारनौल सरकार के मुग़ल फौजदार की सहायता से जबरन कब्ज़ा कर लिया था।

हरीसिंह के तीन बेटे थे, जिनमें से दो बेटों ने औरंगज़ेब के शासनकाल में इस्लाम धर्म स्वीकार कर लिया था। उन्होंने अपने नाम बदलकर मोहम्मद कुलीच और मोहम्मद दहलीज़ कर दिया था। उन्होंने इस्लाम धर्म क्यों स्वीकार किया? इसके बारे में हमारे पास कोई सूचना नहीं है। उनकी राजनैतिक हरकतों को समझते

हुए साफ़–साफ़ पता चलता है कि आमेर राजा से नाराज़ होकर उन्होंने इस्लाम धर्म स्वीकार किया था ताकि उन्हें इससे राजनैतिक संरक्षण और लाभ मिल सके। मगर औरंगज़ेब के शासनकाल में इनको कोई राजनीतिक लाभ नहीं मिला। सन् 1712 के एक अर्ज़तदास के अनुसार मोहम्मद कुलीच और मोहम्मद दहलीज़ ने मुग़ल दरबार गें एक शिकायत दर्ज़ करवाई थी कि आमेर राजा के लोग उनको परेशान और उत्पीड़ित करते हैं। परंतु बाद में ये लोग मुग़ल दरबार की सहायता से भानगढ़ पर कब्ज़ा करने में सफ़ल हो गए और अपने बड़े भाई छज्जूसिंह को भानगढ़ से बेदखल करके उसकी हत्या कर दी। छज्जूसिंह की मदद के लिए आए अजबगढ़ के जागीरदार जसवन्त सिंह की भी हत्या कर दी गई। इस तरह से उन्होंने भानगढ़ अजबगढ़ पर कब्ज़ा कर लिया। इस घटना से आमेर के शासक सवाई जयसिंह बेहद आहत हुए थे मगर मुग़ल दरबार की विपरित परिस्थितियों के कारण वे कुछ नहीं कर सके, वे अवसर का इंतज़ार करते रहे।

फारुंकसियर नाम मात्र का मुग़ल बादशाह था। मुग़ल सल्तनत की पूरी ताकत सैयद बन्धुओं (सैयद अब्दुला और सैयद हुसैन अली) के हाथों में थी, जो सवाई जयसिंह के प्रतिद्वन्द्वी थे। वे मुग़ल दरबार से उन तमाम ताकतों को सवाई जयसिंह के खिलाफ प्रोत्साहित कर रहे थे जो उन्हें हानि पहुंचा सकते थे। उन्होंने मेवात व आगरा के आसपास के अनेक परगने छीनकर चूड़ामन

जाट और दूसरे शाही मनसबदारों को दे दिए थे, जो पहले सवाई जयसिंह के पास होते थे। इस तथ्य का एक उदाहरण सन् 1714 ई. की एक वकील रिपोर्ट से उजागर होता है, जिसमें मुग़ल दरबार से आमेर राजा का वकील अपने महाराजा को सूचित करता है कि सैयद अब्दुल्ला खां और खानेदोरा (वज़ीर) चुड़ामन जाट को दिन प्रतिदिन हमारे खिलाफ़ उकसाते रहते हैं। आगरा के आसपास का पूरा इलाका चुड़ामन जाट को इजारे पर दे दिया गया है जबकि वह इलाका पहले हमारे पास होता था। चुड़ामन जाट ने हमारे इलाके के अनेक परगने ईजारे पर ले लिये हैं। परगना खोहरी (मेवात के सभी परगनों में सबसे बड़ा है) ईजारे पर हमारे पास है। मगर चुड़ामन जाट ने ज़ोर ज़बरदस्ती से आधे परगने के गाँवों का भू–लगान अपने लोगों से इकठ्ठा करवाया है। जाटों ने हमारे थानों को हटाकर अपने थाने स्थापित कर लिए हैं। इस घटनाक्रम से मुग़ल दरबार में सभी राय राया (मनसबदार) हम पर हंस रहे हैं। हम मज़ाक का पात्र बन रहे हैं। कहते हैं कि चुड़ामन जाट में इतनी हिम्मत कैसे बढ़ गई है कि महाराजा की जागीर में ज़ोर–ज़बरदस्ती से हासिल (भू–लगान) की उगाही करे? दरबार में सभी जानते हैं कि चुड़ामन जाट को सैयद अब्दुल्ला खां और खानेदोरा हमारे खिलाफ़ इस्तेमाल करते हैं।[1]

विरोधियों में मोहम्मद कुलीच और मोहम्मद दहलीज़ भी शामिल थे, जिन्होंने सवाई जयसिंह के खिलाफ़ काफ़ी लम्बे समय से बगावत की हुई थी और उन्होंने सवाई

जयसिंह के खिलाफ़ भानगढ़ की जागीर की दावेदारी को लेकर मुग़ल दरबार में शिकायत की हुई थी। सन् 1711 ई. में वकील रिपोर्ट के अनुसार मोहम्मद कुलीच ने मुग़ल दरबार में महाराजा जयसिंह के खिलाफ़ शिकायत की थी कि महाराजा के आदमी ज़ोर ज़बरदस्ती से उसकी जागीर (मोहम्मदाबाद) के गांवों में हासिल (भू–लगान) इकट्ठा करते हैं। राजस्थानी दस्तावेज़ खतूत अहलकारन से ऐसी अनेक सूचनाएँ मिलती हैं जिनसे पता चलता है कि मुग़ल दरबार की तरफ़ से मीर कुलीच और मीर अहमद नामक दो अधिकारियों को भानगढ़ की जागीर के मसले की देखरेख के लिए नियुक्त किया गया था। हालाँकि सवाई जयसिंह की तरफ़ से मुग़ल बादशाह को अपनी नाराज़गी भी दर्ज करवाई गई कि यह उनके अन्दरूनी घरेलू मसलों में हस्तक्षेप है। मगर सैयद बन्धुओं के रहते हुए सवाई जयसिंह की शिकायत पर कुछ नहीं होता था। यह बात सवाई जयसिंह अच्छी तरह से समझते थे और वे अवसर की तालाश में थे। यह अवसर उन्हें सन् 1720 ई. में मिला जब नए मुग़ल बादशाह मोहम्मद शाह और सैयद बन्धुओं के बीच हसनपुर में निर्णायक युद्ध हुआ जिसमें मोहम्मद शाह विजयी हुआ। चूँकि सवाई जयसिंह ने इस लड़ाई में मोहम्मदशाह का साथ दिया था इससे सवाई जयसिंह की हैसियत मुग़ल दरबार में बहुत बढ़ गई थी, तभी सवाई जयसिंह ने अपनी एक सैनिक टुकड़ी भेजकर भानगढ़ को भी मोहम्मद कुलीच और मोहम्मद दहलीज़ से मुक्त करवा लिया था। इस अभियान

में मोहम्मद कुलीच और मोहम्मद दहलीज़ मारे गए थे। भानगढ़ शहर के बाहर उत्तर की तरफ़ इन दोनों भाइयों का मक़बरा भी बना हुआ है। काफी हद तक जयपुर की फौज ने ही भानगढ़ को उजाड़ दिया था।

यह एक महत्वपूर्ण प्रश्न है कि भानगढ़ की बर्बादी की कहानी पर न तो जेम्स टॉड ने *एनलस ऑफ राजस्थान* में कुछ लिखा है और न ही कनिंघम ने अपनी भारतीय पुरातत्व सर्वेक्षण की रिपोर्ट में इसकी चर्चा की है, जबकि उन्होंने अपनी रिपोर्ट में पूर्वी राजस्थान से सम्बन्धित ऐसी अनेक ऐतिहासिक जगहों की चर्चा की है, यहाँ तक कि थाणा गाज़ी के इलाके की बड़गूज्जर राजपूतों से. सम्बंधित अनेक जगहों व कहानियों की चर्चा की है। मगर भानगढ़ के बारे में कुछ नहीं लिखा। मेजर पॉवलेट ने अलवर के गज़ेटियर में भानगढ़ की थोड़ी सी चर्चा की है। जयपुर राज्य का इतिहास व पुराने दस्तावेज़ों में भानगढ़ से सम्बन्धित ज़्यादा कुछ नहीं मिलता। राजस्थानी जयपुर राज्य के अर्ज़दासत, वकील रिपोर्ट व खतूत अहलकारन दस्तावेज़ों में भी भानगढ़ के बारे में बहुत कम सूचनाए मिलती हैं जबकि इन दस्तावेज़ों में दूसरे परगनों की हर तरह की सूचनाएँ मिलती हैं। बीकानेर अभिलेखागार में भानगढ़ से सम्बन्धित केवल अठसठ सवाई जमाबन्दी दस्तावेज़ सन् (1712–13 ई.) उपलब्ध है जो भानगढ़ के बाज़ार के व्यापारी वर्ग व दस्तकारों के बारे में सूचनाएँ देता है, साथ–साथ कृषि उत्पादन से सम्बन्धित फ़सलों की भी जानकारी मिलती है। ऐसा लगता है कि

जयपुर के कछवाह शासकों ने भानगढ़ के अध्याय को अपने इतिहास से हटा दिया था इसलिए इतिहासकारों द्वारा भानगढ़ पर कुछ नहीं लिखा गया। इतिहास के शोधकर्ताओं ने भी भानगढ़ को छूने की कोशिश नहीं की। इन तमाम सीमाओं के बावजूद हमने भानगढ़ के इतिहास को खोजने का प्रयास किया है और ऐतिहासिक दृष्टिकोण से समझाने की कोशिश की है कि भानगढ़ का मिथक और यथार्थ (myth and reality) क्या है?

अब महत्वपूर्ण सवाल यह है कि सवाई जयसिंह ने भानगढ़ को फिर से आबाद करने की कोशिश क्यों नहीं की? हमने पिछले अध्याय में भानगढ़ की सैनिक महत्ता पर चर्चा की थी। मगर अब सवाई जयसिंह के लिए बदलती हुई राजनैतिक परिस्थितियों में भानगढ़ की सैनिक आवश्यकता नहीं रह गई थी। मोहम्मद शाह को मुग़ल बादशाह बनवाने में सवाई जयसिंह की बहुत बड़ी भूमिका थी इसलिए इस नए दौर में सवाई जयसिंह बहुत ताकतवर बन गए थे। सन् 1723 ई. के बाद जाटों की चुनौती भी खत्म हो गई थी इसलिए सैनिक दृष्टिकोण से भानगढ़ की अब ज़रूरत नहीं रह गई थी।

हालाँकि भानगढ़ व्यापारिक दृष्टिकोण से एक महत्वपूर्ण केन्द्र होता था, जो आमेर राज्य के लिए एक सहायक कस्बे के रूप में महत्वपूर्ण भूमिका निभाता रहा। यह तथ्य स्थानीय लोगों को ज़्यादा परेशान करता है कि इतना महत्वपूर्ण कस्बा क्यों बर्बाद किया गया? इस संबंध में अनेक तरह की काल्पनिक धारणायें उत्पन्न की गई हैं। भानगढ़ के

उजड़ने के पीछे एक महत्वपूर्ण कारण यह भी रहा होगा कि अब भानगढ़ को सवाई जयसिंह एक कलंकित (अशुभ) कस्बे के रूप में देखने लगे थे क्योंकि भानगढ़ की वजह से माधोसिंह का वंश आपस में लड़कर पूरी तरह से नष्ट हो गया था। भानगढ़ के विवाद की वजह से आमेर राज्य की प्रतिष्ठा को काफ़ी धक्का लगा था। भानगढ़ के प्रति आमेर शासकों का विशेष लगाव था, क्योंकि इसकी पहचान रानी रत्नावती से जुड़ी हुई थी जिसकी भक्ति की चर्चा हम आगे विस्तार से करेंगे।

जब से मोहम्मद कुलीच और मोहम्मद दहलीज़ ने भानगढ़ पर कब्जा किया था तब से इन्होंने भानगढ़ को आमेर राज्य से पृथक कर दिया और भानगढ़ को एक स्वतंत्र रियासत के रूप में स्थपित करना चाहते थे। इस घटनाक्रम से आमेर के शासक सवाई जयसिंह बहुत आहत हुए थे। चूँकि अब भानगढ़ धार्मिक दृष्टिकोण से पवित्र स्थान नहीं रह गया था। यह तथ्य इस बात से समझा जा सकता है कि 1720 ई. के बाद भानगढ़ के वैष्णव मन्दिरों को भी पूजा स्थल के लिए उचित नहीं समझा गया। मन्दिरों की मूर्तियों को आसपास के गाँवों में स्थानांतरित कर दिया गया जैसे गोपीनाथ जी की मूर्तियों को सैंथल ले जाया गया और केश्वराय के मन्दिर की मूर्तियों को दामोदर का बास में ले जाया गया। इस प्रकार उजड़े भानगढ़ को दोबारा नहीं बसाया गया।

सन् 1720 ई. के बाद भानगढ़ प्रशासनिक दृष्टिकोण से भी वीरान हो गया था। आमेर के राजा ने वहाँ पर सभी अधिकारियों के दफ़्तर बन्द कर दिए थे। जब व्यापारियों ने देखा कि उनकी सुरक्षा एवं कानून व्यवस्था बनाए रखने के लिए राज्य की तरफ से उन्हें कोई सहारा नहीं है, तब व्यापारियों ने पलायन करना शुरू कर दिया और धीरे धीरे भानगढ़ वीरान होता चला गया। हालाँकि बीकानेर अभिलेखागार में भानगढ़ के बाज़ार से सम्बन्धित निरख बाज़ार दस्तावेज़ (सन् 1727–28 ई.) तक उपलब्ध हैं जिनसे पता चलता है कि भानगढ़ कस्बा धीरे–धीरे वीरान हुआ था। यहाँ के लोगों को आसपास के 18 गाँवों में बसाया गया था जैसा कि अलवर राज्य के गैरअभिलेखीय दस्तावेज़ों में बताया गया है। ये गाँव हैः– गोला का बास, पट्टी बीना, रतना का बास, कटूकी, गुड़ का खेड़ा, पेमावास, खिरत का बास, दामोदर का बास आदि गाँव भानगढ़ से उजड़े हुए लोगों ने बसाए। ऐसा माना जाता है कि संवत 1840/1783 ई. का दुर्भिक्ष इतना निर्दयी और भयंकर था कि बचे हुए कुछ दस्तकार लोग भी भानगढ़ को छोड़कर कहीं चले गए। इस तरह से भानगढ़ पूरी तरह से वीरान हो गया।

3

भानगढ़ के इलाके में जनजातियों का सांस्कृतिक और धार्मिक परिवेष

पूर्व मध्यकाल से ही भानगढ़ क्षेत्र में मीणा व गूज्जर जाति का वर्चस्व रहा है। दोनों जातियां इस इलाके में पहले से ही बसी हुई हैं। ये जातियां ब्राहमणवादी वर्णाश्रम जातीय दायरे से मेल नहीं खाती थीं इसलिए इनके धार्मिक और सामाजिक सरोकार ब्राहमणवादी विचारधारा से प्रभावित नहीं थे। धार्मिक दृष्टिकोण से ये जातियां शैव मत की उपासक थीं और देवी और भैरव की पूजा करती थीं। गैर अभिलेखीय दस्तावेज़ों के अनुसार इस इलाके में 98 पुराने शिव मन्दिर और 114 देवी के स्थान पाए गए हैं। शैव मत की उपासना से इस इलाके में नाथ पंथ की विचारधारा को काफ़ी बल मिला। यही कारण था कि यहाँ पर अनेक गाँवों में योगी संन्यासियों के आसन (स्थान) बने हुए मिलते हैं। जिन्होंने इस इलाके में नाथ पंथ की विचारधारा को फैलाने में महत्वपूर्ण भूमिका निभाई है। यहाँ के जन साधारण भी योगी संन्यासियों को पूज्यनीय मानते रहे हैं।

ज़्यादातर योगी संन्यासियों का सम्बन्ध जोगी जाति से रहा है। इसलिए भानगढ़ के इलाके में ही नहीं बल्कि पूरे पूर्वी राजस्थान में जोगी जाति की उपस्थिति अच्छी खासी पाई जाती है। राजस्थानी दस्तावेज़ों से पता चलता है कि आमेर राज्य में जोगियों की ज़िम्मेदारी टिड्डियां उड़ाने के लिए नियत की गई थी। जोगियों को राज्य की तरफ से निर्देश दिए जाते थे कि जैसे ही टिड्डियों का फसलों पर हमला होता है वे अपने काम में कोताही न बरतें और किसानों के खेतों से टिड्डियां उड़ायें। इस काम के बदले किसान की फसल पकने के बाद उन्हें अनाज प्रति एकड़ के हिसाब से दिया जाता था। परगने के आमीलों को भी राज्य निर्देश देता था कि वे जोगियों पर निगरानी रखें कि वे अपना कार्य ठीक से कर रहे हैं या नहीं। पूर्वी राजस्थान में जोगियों का यह पेशा पीढ़ी दर पीढ़ी चलता रहा हालाँकि जोगियों का मुख्य पेशा गाँव में भीख मांग कर खाना होता था। गुंसाई और डाकोत भी गाँव में भीख मांग कर खाने वाली जातियों में सुमार होती थीं। ऐसा माना जाता है कि इस्लाम के आने से पहले से ही मीणा, गूज्जर, जोगी, गुंसाई, डाकोत आदि जातियां ब्राहमणों से असन्तुष्ट थीं और वे वर्णाश्रम के नियमों को नहीं मानते थे। हालाँकि ये जातियाँ अपनी उत्पत्ति में श्रेष्ठता का दावा करती हैं। जैसे मीणा और गूजर अपनी उत्पत्ति राजपूतों से मानते हैं और जोगी, गुंसाई और डाकोत अपने को ब्राहमण जाति से जोड़ते हैं जबकि इनके पुरोहित ब्राहमण जाति से नहीं होते थे बल्कि इन्हीं की जाति के होते थे।

मृत्यु उपरान्त जोगियों को योगासन में समाधि दी जाती थी। भानगढ़ के इलाके में योगी संन्यासी पूजनीय होते थे। मगर आश्रम भ्रष्ट जोगी और संन्यासी निकृष्ट समझे जाते थे। जब तक सन्यासी अपने सन्यास आश्रम में रहता था वह पूजनीय समझा जाता था। यदि वह घरबारी बन जाता था तो वह समाज की नज़रों में गिर जाता था। इसलिए साधक योगी और गृहस्थ जाति के योगी में बड़ा फ़र्क होता था। भानगढ़ के इलाके में जोगी जाति का सम्बन्ध नाथ पंथ से रहा है। यहाँ के लोगों का मानना है कि गोरखनाथ की विशेष महिमा (आशीर्वाद) से यह इलाका नाथ पंथ का मुरीद बन गया। इस इलाके में सबसे पुराना आश्रम भरथरी महाराज का है जिसके बारे में लोकप्रिय अवधारणा है कि पूर्व मध्यकाल से ही भरथरी जी यहाँ पर विराजमान हैं। वे उज्जैन के राजा थे जो अपनी पत्नी से नाराज़ होकर राज–पाट छोड़कर यहाँ चले आए थे और उन्होंने थानागाजी के पास इन्दोक की पहाड़ियों की वादियों में घोर तपस्या की थी, जिससे उनको गोरखनाथ जी ने दर्शन दिए थे। तब से भरथरी नाथ पंथ के बहुत बड़े सिद्ध योगी संन्यासी माने जाते हैं। आम धारणा है कि भरथरी गुरू गोरखनाथ के शिष्य थे, जिनकी दया दृष्टि व ज्ञान से इस इलाके में नाथ पंथ का उदय हुआ। इस इलाके में जोगी जाति अपने आपको भरथरी की परम्परा (Legacy) से जोड़ते थे और इस नाथपंथ की परम्परा को आगे बढ़ाने की अपनी ज़िम्मेदारी समझते थे। इस इलाके के योगी संन्यासी जोगी जाति से जुड़े हुए थे। भरथरी

की लोकप्रियता इस इलाके में इस बात से भी जानी जाती है कि उनके जीवन से सम्बन्धित अनेक किस्से, कहानियाँ व भजन प्रचलन में हैं। अलवर के शासकों द्वारा भरथरी नामक नाटक का मंचन किया जाता था जिससे भरथरी की लोकप्रियता और ज़्यादा बढ़ गई थी। कुछ गायन मण्डलियों द्वारा गाँव–गाँव में जाकर भरथरी के जीवन चरित्र पर सांग व नाटकों का आयोजन किया जाता रहा है। इस प्रकार भानगढ़ के इलाके में भरथरी परम्परा की नाथ पंथ का प्रचार–प्रसार करने में बड़ी भूमिका रही है।

नाथ पंथी योगी संन्यासियों की लोकप्रियता जनसाधारण में इस बात से भी जानी जाती थी कि आमेर के कछवाह शासकों ने उन्हें भूमि अनुदान दिए थे। भानगढ़ परिसर में पूर्व की तरफ़ बावलनाथ योगी संन्यासी का आसन भानगढ़ के बसने से पहले से ही बना हुआ था। भानगढ़ के आबाद और बर्बाद होने के किस्से–कहानियाँ इन्हीं योगी संन्यासियों से जुड़ी हुई हैं। लोकप्रिय अवधारणा के अनुसार आमेर के शासक भगवन्तदास ने भानगढ़ कस्बा बसाने के लिए इन्हीं योगी संन्यासियों से आशीर्वाद मांगा था। आमेर राज्य की तरफ़ से इस नाथपन्थी आसन को 44 बीघा ज़मीन दान दी गई थी।

गाँव बख्तपुरा परगना भानगढ़ में नाथ जोगी के आसन को आमेर राज्य ने 20 बीघा ज़मीन धार्मिक अनुदान में दी थी। कस्बा हरनेर में गीरराधनाथ के आसन को आमेर राज्य की तरफ से 50 बीघा जमीन दी गई थी।

अलवर राज्य के शासकों ने भी नाथपन्थियों को भूमि दान में दी थी। गढ़ बसई से गृहस्थ जोगी जोधानाथ जी के पुत्र ऋद्धिनाथ 13 वर्ष की उम्र में घर छोड़कर सन्यासी बन गए थे, जिन्होनें घनघोर तपस्या की। एक दिन ऋद्धिनाथ जी को स्वप्न में गोरखनाथ जी के दर्शन हुए। अलवर के महाराजा प्रताप सिंह ने स्वयं आकर उनके दर्शन किए थे।

गाँव गढ़ बसई तथा अजबगढ़ में रिधनाथ के आसन के रख–रखाव के लिए 165 बीघा ज़मीन दी गई थी। कस्बा अजबगढ़ में पूर्व की पहाड़ी पर बाड़ी नाथ का आसन है। यह आसन कस्बा अजबगढ़ बसने से पहले से ही है। जब कोई प्राकृतिक मुसीबत आती है तब आस–पास के गाँव के लोग बाड़ी नाथ के आसन पर इकठ्ठे होकर शंख बजाते हैं। लोगों का मानना है कि ऐसा करने से विपत्ति टल जाती है। इसी तरह सरिस्का के जंगलों में अनेक नाथपन्थी सन्यासियों की गद्दियां (आसन) होती थीं, जैसे भोजनाथ तारून्डा में बालकनाथ पाण्डूपोल में, तक्कड़नाथ नाहरसती में, और उदयनाथ नलदेश्वर में – ये सभी नाथपन्थियों की गद्दियां पुराने समय से ही बनी हुई थीं, जो पशु चराने वाले ग्वाले और गाँव के कृषकों में बहुत पूजनीय थे।

हमने पहले भी चर्चा की है कि मीणा और गूजर जातियां शाक्त थीं अर्थात वे शक्ति की पूजा करती थीं। देवी मन्दिर आकार में बहुत छोटे होते थे इसलिए इन मन्दिरों को थान या स्थान भी कहते थे। अर्थात देवी का स्थान।

मीणा और गूजरों को लगभग हर गाँव में देवी के स्थान मिलते हैं। मीणा लोग चोरी, डकैती करने से पहले अपनी और चोरी के माल की हिफाज़त (सुरक्षा) के लिए देवी की पूजा करते थे। धीरे–धीरे देवी की छवि पूरे गाँव पर आने वाली विपत्तियों से सुरक्षित रखने के लिए बन गई। मीणाओं के गाँवों में देवियाँ अनेक नामों से जानी जाती थीं, जैसे किशोरी, गंशा, ररसा, दुघड़िया, सुन्दरी, ज्वाला और घाटे की देवी आदि इनके मन्दिर हैं। इस प्रकार भानगढ़ के इलाके का धार्मिक वातावरण नाथपंथ की विचारधाराओं से प्रभावित रहा। नाथपंथ की विचारधारा ब्राहमणवादी वर्णाश्रम व्यवस्था और अस्पृश्य विचारों का विरोधी था। इनका भगवान के अवतारवाद में कोई विश्वास नहीं था और न ही ये त्रिदेव को मानते थे। इनमें निराकार भाव की उपासना प्रचलित थी। ब्राहमणवादी जातीय विषमता के घोर विरोधी थे। इसलिए ये ब्राहमणों द्वारा बताए गए धार्मिक और सामाजिक विचारों के विरोधी होते थे।

भानगढ़ क्षेत्र में नाथपन्थी संस्कृति इसलिए फल–फूल रही थी क्योंकि वहाँ पर बड़ी संख्या में निम्न वर्ग की जातियाँ निवास करती थीं, जो ब्राहमणवादी संस्कृति की कायल नहीं थीं। ये जातियाँ मीणा, गूजर, जोगी, गुंसाई, डाकोत, कुम्हार, सुनार, कलाल, भड़भूजा, लखेरा, नायक नाई, धोबी, खटीक, मोची, बलाही, कोली, रगैर, चमार और भंगी आदि। राजस्थानी दस्तावेज़ों में इन्हें पवन जातियाँ भी कहते थे। ये जातियाँ सदैव से शिव, भैरव और देवी की पूजा करती रही हैं।

सत्रहवीं सदी के प्रारम्भ से ही इस क्षेत्र में धार्मिक बदलाव होने शुरू हो गए थे। जैसे ही यह इलाका अकबर बादशाह से आमेर के कछवाह शासकों को वतन जागीर में मिला, उन्होंने पुराने सामाजिक और धार्मिक ढांचे में बदलाव शुरू कर दिए। भानगढ़ और अजबगढ़ – दो नए कस्बे बसाए गए, जो उस इलाके में व्यापार और वाणिज्य के महत्वपूर्ण केन्द्र बन गए थे। मगर साथ–साथ वैष्णव धर्म के भी महत्वपूर्ण केन्द्र बन गए थे। भानगढ़ की पहचान रानी रत्नावती से जुड़ गई थी जो मीराँबाई की भांति श्रीकृष्ण के प्रति अपनी धार्मिक भक्ति से प्रसिद्ध हो गई थी। इस तरह भानगढ़ की छवि नाथपंथ से वैष्णव धर्म में बदलने लगी थी। अजबगढ़ भी वैष्णव धर्म की गतिविधियों का केन्द्र बन गया था। पहले अजबगढ़ बाड़ी नाथ सन्यासी के नाम से जाना जाता था। गढ़ बसई, बलदेवगढ़, माधोगढ़ और सूरतगढ़ जो पहले नाथपन्थी सन्यासियों के आसन से जुड़े हुए थे, अब भानगढ़ के शासकों ने इन स्थानों पर वैष्णव मन्दिर बनवाए। भानगढ़ किले के परिसर में गोपीनाथ और केशवराय के दो बड़े मन्दिर आम जनता के लिए बनवाए गए थे। अकेले अजबगढ़ में 14 हरि मन्दिर बनवाए गए थे। गैर अभिलेखीय दस्तावेज़ों में दिए गए आंकड़ों के अनुसार भानगढ़ इलाके में कुल 214 हरि मन्दिर (राम और कृष्ण) बनवाए गए थे इस इलाके में धार्मिक बदलाव इसलिए हो रहे थे, क्योंकि आमेर शासक वैष्णव मत के अनुयायी थे। आमेर शासकों ने इस इलाके में

ब्राहमणों को बड़ी संख्या में बसाकर वैष्णव धर्म का प्रचार और प्रसार किया। मुग़ल बादशाह अकबर ने आमेर के शासक राजा मानसिंह को बंगाल का सूबेदार (सन् 1594 ई.) बनाया था। वहाँ पर उन्होंने अनेक जगहों पर हरि मन्दिर बनवाए थे। जब वे बंगाल से लौटकर आए तब उनके साथ अनेक गौड़ ब्राहमण परिवार बंगाल से आए। सम्भवतः इन ब्राहमणों को भानगढ़ के इलाके में बसा दिया गया था।

अलवर राज्य के गैर अभिलेखीय दस्तावेज़ों में इस इलाके के गाँवों की बसाहट का समय और गाँव बसाने वालों की जाति विशेष का वर्णन मिलता है। अलवर राज्य के कर्मचारियों ने इस प्रकार के अध्ययन के लिए स्थानों के पुराने रिकार्डों (विशेषकर बहियाँ) को अपना आधार बनाया था। इनके अध्ययन से पता चलता है कि सत्रहवीं सदी के प्रारम्भ में इस इलाके के अनेक गाँव ब्राहमणों द्वारा बसाए गए थे। गाँव बसाने वाले ब्राहमण तीन श्रेणियों में विभाजित थे जो अपनी अलग–अलग सामाजिक पहचान से जाने जाते थे। जैसे गौड़ ब्राहमण, हरियाणा ब्राहमण और बागड़ा या बागड़ी ब्राहमण। ये ब्राहमण अपने अलग–अलग सामाजिक व सांस्कृतिक सरोकारों में बंटे हुए थे। गौड़ अपने को उत्तम श्रेणी का ब्राहमण मानते थे जो अपने सामाजिक और धार्मिक अनुष्ठान व संस्कार धर्म ग्रन्थों के आधार पर करते थे। गौड़ ब्राहमण कच्चा भोजन नहीं खाते थे और न ही चमड़े के बने हुए चरस से निकाला हुआ कुँए का पानी पीते थे। ये लोग

विवाह भी अपनी ही बिरादरी में करते थे। इसलिए गौड़ ब्राहमण हरियाणा व राजस्थान के बागड़ प्रदेश से आए हुए ब्राहमणों को अपने से निकृष्ट समझते थे। हरियाणा और राजस्थान के ब्राहमण मुख्य रूप से कृषक थे, जो खेती–बाड़ी करके गुज़ारा करते थे। ब्राहमण भानगढ़ के इलाके में बसाए गए। लगभग 30 गाँवों में ब्राहमणों की बसाहट मिलती है। इन गाँवों के नाम हैं – दामोदर का बास, गोला का बास, बाढ़ड़ोली, गुड़ का खेड़ा, सैंथल, भागड़ोली, डिगरिया, सूरजपूरा, माधवगढ़, ब्राहमणवास, जैतपुरा, गुवाड़ा डाबर, कानीयावास, गढ़ बसई, रूप का बास, अण्डारी, कोला का बास आदि। इसके अतिरिक्त और भी ब्राहमणों के गांव हैं जो जयपुर राज्य में आते थे।

उदाहरण के लिए भानगढ़ के पास सैंथल नामक बड़ा गाँव है जिसमें बड़ी संख्या में गौड़ ब्राहमण व खण्डेलवाल वैश्य जाति के परिवार बसे हुए हैं। भानगढ़ उजड़ने के बाद गोपीनाथ मन्दिर की मूर्तियां सैंथल गाँव में ले जाई गईं और वहाँ पर नए गोपीनाथ मंदिर का निर्माण कर मूर्तियों को विराजमान किया गया, जहाँ पर पूजा अर्चना होती है। गोपीनाथ जी की मूर्तियों से सम्बन्धित वहाँ के लोगों में लोकप्रिय धारणा है कि भानगढ़ उजड़ने के बाद जब सवाई जयसिंह गोपीनाथ जी की मूर्तियों को रथ के द्वारा जयपुर ले जा रहे थे तब रथ का पहिया सैंथल के पास आकर ज़मीन में धंस गया। तमाम तरह की कोशिशों के बावजूद भी रथ का पहिया आगे नहीं बढ़ा। अर्थात् वहाँ के लोगों का मानना है कि भगवान गोपीनाथ जी ने स्वयं

यह संदेश दिया कि वह भानगढ़ के आसपास ही रहना चाहते हैं जयपुर नहीं जायेंगे और यह चमत्कारी घटना रानी रत्नावती की भक्ति शक्ति के कारण हुई। ज़ाहिर है कि इस प्रकार की अवधारणा गौड़ ब्राहमणों द्वारा बनाई होगी जिससे वहाँ के लोगों में वैष्णम धर्म के प्रति आस्था में बढ़ोतरी हो। भानगढ़ के इलाके में ब्राहमणों ने 214 वैष्णव मन्दिर बनवाएँ थे जिनके बनाने में खण्डेलवाल महाजनों की विशेष भूमिका होती थी। हालाँकि ज़्यादातर ब्राहमण खेती के व्यवसाय से जुड़े हुए थे। वे अपनी ज़मीन के मालिक थे। उनमें से अनेकों को पटेली व ज़मीदारियां भी मिली हुई थी।

मन्दिरों का रख–रखाव करने वाले अनेक गौड़ ब्राहमण परिवारों को धार्मिक दृष्टिकोण से आमेर के राजा की तरफ़ से भूमि अनुदान दिए गए थे। इस इलाके में ब्राहमणों का बसाया जाना आमेर राजा मानसिंह के राजनैतिक ज़रूरत का परिणाम था। चूँकि यह इलाका मीणाओं व गूज्जरों द्वारा बसाया गया था। कृषि उत्पादन के दृष्टिकोण से पहले यह इलाका उतना महत्वपूर्ण नहीं था, बहुत कम इलाके में खेती–बाड़ी होती थी क्योंकि मीणा लोगों का चोरी–डकैती और शिकार करना मुख्य पेशा होता था। इस इलाके में घने जंगल व ऊँची–ऊँची पहाड़ियाँ होने के कारण मीणाओं ने चोरी–डकैती के उद्देश्य से अनेक ठिकाने बना रखे थे। प्रत्येक ठिकाना अपनी अपनी कबीलाई पहचान बनाएँ हुए था जिसमें बड़ी संख्या में मीणा लोग जुड़े रहते थे। मुग़ल साम्राज्य की

स्थापना के प्रारम्भ में शाही मनसबदारों को इस इलाके में मीणाओं से बड़ी चुनौती का सामना करना पड़ा था इसलिए अकबर को इस इलाके में कानून–व्यवस्था बनाए रखने के लिए अनेकों बार सैनिक अभियान भेजने पड़े, जैसा कि गैर अभिलेखीय दस्तावेज़ों से मालूम पड़ता है। गूज्जर जाति भी परम्परागत रूप से पशुपालन के पेशे से ज़्यादा जुड़ी हुई थी। गूज्जर जाति के लोग खेती–बाड़ी की बजाए पशु धन पर ज्यादा निर्भर रहते थे। इस इलाके में घास व पानी प्रचुर मात्रा में मिलने से गूजरों का पशुपालन का धंधा खूब चलता था। इन परिस्थितियों को समझकर अकबर ने यह इलाका भानगढ़ की जागीर के रूप में आमेर के कछवाह शासक मानसिंह को दिया था। जैसे ही यह इलाका कछवाह राजपूतों को जागीर में मिला, उन्होंने इस इलाके में कृषि पैदावार को बढ़ाने में महत्वपूर्ण कार्य किए जैसे पहाड़ों के पानी को रोककर बांध बनाकर झीलें बनाना, नहरों व नालियों के माध्यम से खेतों में सिंचाई करना, पहाड़ों के पानी से निकलने वाली नदियों व नालों को सिंचाई के लिए इस्तेमाल करना आदि। गैर अभिलेखीय दस्तावेजों के अनुसार इस इलाके में छोटे–बड़े 69 बांध रूंध बनाये गए थे। हालाँकि इनमें से कुछेक बांध व रूंध अलवर के शासकों ने भी बनवाएँ थे। मगर कृषि पैदावार बढ़ाने के लिए आमेर के कछवाह शासकों की भूमिका अहम थी। विशेष भानगढ़ के शासकों ने अपनी जागीर का कृषि उत्पादन बढाने के लिए पहाड़ों के जल संसाधन को योजनाबद्ध तरीके से

इस्तेमाल किया। इस इलाके में पानी का जलस्तर ऊपर होने के कारण अनेक बावड़ियां व कुएँ मिलते हैं जिनसे किसान अपने खेतों में सिंचाई करते थे। भानगढ़ परगना के सन् 1712 ई. के अड़सट्टा दस्तावेज़ से पता चलता है कि इस इलाके में खरीफ की तुलना में रबी की फ़सल ज़्यादा होती थी। राजस्थान जैसे इलाके में कृषि पैदावार के दृष्टिकोण रो यह एक उल्लेखनीय बात थी क्योंकि खरीफ की फ़सल वर्षा के पानी के कारण ज़्यादातर ज़मीन पर होती थी। मगर रबी की फ़सल उगाने के लिए सिंचाई करना आवश्यक होता था। भानगढ़ के इलाके के किसानों को कृत्रिम नहरें, नालियां, कुएँ और बावड़ियों के पानी की उपलब्धता थी इसलिए गन्ना, कपास, तम्बाकू, तरकारी, अजवायन, गेहूं, राई, सरसों, आंवला, निम्बू आदि फ़सलें उगाते थे। यह तथ्य इस बात की ओर इशारा करता है कि इस प्रकार के सिंचाई साधनों को विकसित करने में भानगढ़ के शासक वर्ग ने महत्वपूर्ण भूमिका निभाई थी इसलिए भानगढ़ की जागीर को प्राप्त करने के लिए माधोसिंह के वंशजों में ज़ोरदार संघर्ष रहता था। मगर यह तथ्य हमें यह भी समझने में मदद करता है कि जिन किसानों की हम बात कर रहे हैं जो भानगढ़ के इलाके में बेहतरीन रबी की फसल पैदा करते थे, उनमें बड़ी संख्या में मीणा जाति के किसान शामिल थे, इससे पहले हम चर्चा कर रहे थे कि सोलहवीं सदी के मध्य तक कैसे मीणा जाति के लोग चोरी–डकैती और शिकार कर अपनी आजीविका चलाते थे। सत्रहवीं सदी उत्तरार्ध और

अठारहवीं सदी के शुरुआती वर्षों के राजस्थानी दस्तावेज़ों से पता चलता है कि मीणा जाति एक कृषिंक जाति के रूप में विकसित हो गई थी जिन्हें 'ज़मींदार मीणा' के नाम से जाना जाने लगा था। मीणाओं का चोरी–डकैती के पेशे से कृषक वर्ग में बदलाव होना एक महत्वपूर्ण ऐतिहासिक प्रक्रिया थी। यह अपने आप में इतिहास के विद्यार्थियों के लिए अलग से शोध का विषय है। मगर हम संक्षिप्त में इसकी व्याख्या कर रहे हैं कि मीणा जाति पर किस प्रकार का दबाव रहा होगा कि उन्हें अपना परम्परागत पेशा छोड़ना पड़ा और कृषि ढांचे में एक नए आयाम के साथ ढलना पड़ा। यह मीणा इतिहास में सबसे संघर्षमय काल का इतिहास रहा होगा। कबीलाई समाज में परम्परागत पेशा छोड़ना और नया पेशा अपनाना केवल मात्र पेशा बदलने तक सीमित ही नहीं रहता बल्कि यह एक ऐसी प्रक्रिया होती थी जिसके साथ सांस्कृतिक और धार्मिक बदलाव भी जुड़े हुए थे।

मीणा जाति के वे कबीले जो अपने परम्परागत पेशे, संस्कृति और धार्मिक मान्यताओं से जुड़े हुए थे उन्होंने इस बदलाव को निकृष्ट रूप में देखा और इसलिए चौकीदार मीणा अपने को ज़मींदार मीणाओं से उत्कृष्ट कोटि के मानते थे और, वे ज़मींदार मीणाओं के साथ वैवाहिक संबंध भी नहीं बनाते थे। उनके अनुसार कृषि अपनाने वाले मीणाओं ने अपनी जाति व संस्कृति के साथ धोखा किया है। मगर जो मीणा कृषक बने वे कृषक जाति समुदाय का हिस्सा बन गए, उनमें धीरे–धीरे सामाजिक, सांस्कृतिक

और धार्मिक बदलाव आने लगे। गैर अभिलेखीय दस्तावेज़ों से पता चलता है कि गाँव में मीणाओं की मिश्रित श्रेणियां होती थीं जैसे ज़मींदार मीणा और चौकीदार मीणा – अलग–अलग सामाजिक पहचान में बँटे होते थे। हालाँकि चौकीदार मीणाओं के परिवार कम होते थे फिर भी यह तथ्य इस बात की ओर इशारा करता है कि भानगढ़ के इलाके में कुछ मीणा परिवार अपने परम्परागत ढांचे में ही बने रहे। उन्होंने चोरी–डकैती करने की बजाय चौकी पहरेदारी का पेशा अपना लिया। मगर फिर भी वे इसे बेहतर समझते थे और वे इसे चोरी–डकैती से जोड़कर ही देखते थे। निःसन्देह मीणाओं का कृषि पेशे में बदलाव मुग़ल और आमेर राज्यों के बढ़ते दबाव के परिणामस्वरूप सम्भव हुआ होगा। गैर अभिलेखीय दस्तावेज़ों से पता चलता है कि मीणाओं के ठिकानों को नष्ट करने के लिए मुग़ल व आमेर शासकों द्वारा अनेक सैनिक अभियान भेजे गए थे। नष्ट हुए ठिकानों के अवशेष पहाड़ियों की घाटियों में अभी भी देखने को मिलते हैं। इनमें क्यारा नरहट और बलदेवगढ़ के ठिकाने प्रमुख थे जिनमें बड़ी संख्या में मीणा जुड़े हुए थे। इन ठिकानों के सरदार 'खूटेल' कहलाते थे। मुग़ल सेना द्वारा क्यारा ठिकाना उजड़ने के बाद उससे निकले हुए मीणाओं ने 12 गाँव बसाए थे जैसे क्यारा, बल्लुवास, पिपलाई, नटाटा, कालेड़ा, कालका, किसोरी, डेरा, डमेड़ा, काबलीगढ़, सीली बावड़ी, कुंडला और दोलतपुर। इसी तरह दूसरे ठिकानों से निकले हुए मीणाओं ने नए–नए गाँव बसाए।

राजस्थानी अर्ज़दासत दस्तावेज़ों से पता चलता है कि आमेर शासकों ने मीणाओं की चोरी–डकैती रोकने के लिए अनेक कदम उठाये थे। मीणाओं की चोरी रोकने के लिए फौजदारों को सख्त निर्देश दिए गए थे। उन्हें कहा गया था कि वे आमील और हरकारों से चोरी–डकैती से सम्बन्धित मीणाओं की जानकारी हासिल करके उनकी सूचि बनाएँ और उनकी हरकतों पर नजर रखी जाये। चोर मीणाओं को पकड़ने के लिए गाँव में मीणा चौकीदारों की चौकियां लगाई जायें। भानगढ़ के शासकों ने मीणाओं की चोरी–डकैती की आदतों पर नियंत्रण पाने के लिए अनेक चौकियाँ स्थापित की गई। इस प्रकार मीणाओं की चोरी–डकैती को रोकने के लिए प्रभावी तरीके अपनाए गए, और कृषि पेशा अपनाने के लिए उन पर काफी दबाव डाला गया था। निःसन्देह इसके बाद मीणाओं के पास आजीविका चलाने के लिए कृषि के अलावा और कोई दूसरा विकल्प नहीं रहा होगा।

गैर अभिलेखीय दस्तावेज़ों के अनुसार, पूर्वी राजस्थान में सामाजिक दृष्टिकोण से मीणाओं के साथ–साथ गूज्जर जाति का भी वर्चस्व रहा है। गूज्जर जाति पूर्व मध्यकाल से ही पशुपालक पेशे से जुडी हुई थी। गूज्जर लोगों का मुख्य रूप से पशुपालन का धंधा होता थो। गाय के बछड़ों को बड़ा करके बंजारों को बेचते थे। भानगढ़ के इलाके में बंजारों के अनेक परिवार बसे हुए थे। वर्षा के दिनों में इनके पशु भानगढ़ के इलाके में रहते थे। यहाँ पर घास और पानी बहुत होता था। भानगढ़ के अधिकारी बंजारों से टैक्स

लेते थे अर्थात् घास चराई टैक्स बंजारों को 100 बैलों पर 5 रूपया महीना देना पड़ता था। बंजारों और गूज्जरों में पशुओं के लेन–देन की वजह से भाईचारा बहुत मज़बूत था। दूसरे गूज्जर लोग दूध और घी का व्यापार करते थे। महाजन लोग गूज्जरों से देसी घी खरीदते थे और वे आगरा और दिल्ली भेजते रहते थे। आगरा और दिल्ली में मुग़ल शासक वर्ग व फ़ौज के लिए देसी घी की बहुत मांग थी। इस कारोबार में गूज्जरों की औरतों की बड़ी भूमिका होती थी। मुग़ल साम्राज्य के बिखराव तक व्यापारिक माल की ढुलाई बंजारों के बैलों के माध्यम से ही होता था। बंजारों के पास हजारों की संख्या में बैल होते थे। बछड़ों को बैल बनाकर बेचना और देसी घी का कारोबार करना गूज्जरों का पुस्तैनी धन्धा बन गया था। गूज्जर कृषि पेशा अपनाने में कम दिलचस्पी रखते थे। इसलिए आमेर शासकों के पास और दूसरा विकल्प नहीं था कि कृषि के विस्तार के लिए मीणाओं को कृषक बनाना आवश्यक था क्योंकि चोरी–डकैती राज्य व्यवस्था के लिए मुसीबत ही नहीं बल्कि एक बहुत बड़ी चुनौती बन गई थी। इसलिए मीणाओं पर कृषि पेशा अपनाने के लिए काफ़ी दबाव बनाया गया होगा। पूर्वी राजस्थान में कृषक बनने के बाद मीणाओं की सामाजिक स्थिति वैसी ही बन गई, जैसी जाटों की हरियाणा व पश्चिमी उत्तर प्रदेश में रही है। जबकि मारवाड़ के राज्यों में मीणाओं पर कृषि पेशा अपनाने पर कोई दबाव नहीं डाला गया था क्योंकि वहाँ पर खेती करने वाली दूसरी जातियां मौजूद थीं। जोधपुर

के इलाके में मीणाओं की आबादी काफ़ी रही है फिर भी उन्हें किसानी धंधा अपनाने के लिए बाध्य नहीं किया गया क्योंकि उस इलाके में जाट, बिश्नोई, मेर, ब्राहमण, बनिया और माली आदि जातियां कृषि उत्पादन को बेहतरीन तरीके से करती थी। यह तथ्य नैयनसी मुहणौत के *परगना री विगत* में उल्लेखित है। मगर पूर्वी राजस्थान में आमेर राज्य के पास कृषि उत्पादन करने और उसके विस्तार के लिए मीणाओं के अतिरिक्त और दूसरे विकल्प बहुत कमज़ोर थे। इस इलाके में राजपूत, ब्राहमण और कुछ निम्न वर्ग की जातियां बसती थीं जो कृषि पेशे को ज़्यादा महत्व नहीं देती थीं।

इस तरह से मीणाओं का कृषि पेशे में जुड़ाव हुआ। जयपुर राज्य के राजस्थानी दस्तावेज़ों में मीणा किसानों से सम्बन्धित काफ़ी जानकारी मिलती है। सन् 1712 ई. में भानगढ़ के इलाके में मीणा किसान रबी की फ़सल उगाने के लिए राज्य के महाजनों से तकावी (Loan) दिलवाने के लिए फरियाद करते हैं। मीणा न केवल किसान थे बल्कि अनेक गाँवों में पटेल भी बनाएँ गए थे। भानगढ़ के इलाके में अभी भी पुरानी मान्यता को मानते हुए किसान गाँवों में भोमियों की पूजा करते रहे हैं जिनमें मीणा भोमियां भी शामिल हैं। गाँव कुण्डला में लक्ष्मण मीणा भोमियां का मेला लगता है।

कछवाह शासकों का मानना था कि भानगढ़ के इलाके में ब्राहमण मीणाओं का कृषि क्षेत्र में मार्ग दर्शक के रूप में महत्वपूर्ण भूमिका निभायेंगे। दूसरा कारण यह था कि ब्राहमणों के माध्यम से इस इलाके में वैष्णव धर्म के प्रचार

और प्रसार करने में विशेष भूमिका होगी क्योंकि मीणा व गूज्जर जातियाँ शाक्त थीं अर्थात देवी और शैवमत की उपासक थीं। इसलिए इस इलाके में नाथपन्थी साधुओं की लोकप्रियता के कारण मीणा और गूज्जरों में वैष्णव धर्म के प्रति कोई आकर्षण नहीं था। ब्राहमणों द्वारा बड़ी संख्या में इस इलाके के वैष्णव मन्दिरों के माध्यम से नाथपन्थियों को एक बड़ी चुनौती दी गई। हालाँकि इसके बावजूद नाथपन्थियों की लोकप्रियता कम नहीं हुई क्योंकि नाथपन्थी जोगियों का इस इलाके में लम्बा इतिहास रहा है। फिर भी ब्राहमणों ने इस इलाके में प्रभावकारी तरीके से समानान्तर धर्म चलाया। मीणा और गूज्जरों का कोई गाँव अछूता नहीं रहा जिसमें वैष्णव मन्दिर का निर्माण नहीं हुआ हो। इन मंदिरों के निर्माण में खन्डेलवाल महाजनों की विशेष भूमिका पाई जाती है। इस इलाके में खण्डेलवाल महाजनों को भी ब्राहमणों के साथ–साथ बसाया गया था। मगर फिर भी राज्य की सहायता के बगैर यह सम्भव नहीं था। इनमें से अनेक मंदिरों का निर्माण राज्य की तरफ से करवाया गया था। इनमें से भानगढ़, अजबगढ़, माधोगढ़, काबलीगढ़, गढ़बसई, बलदेवगढ़, झिरी, गोला का बास आदि में वैष्णव मन्दिर आमेर राज्य की तरफ से बनवाए गए थे। इन मंदिरों में ब्राहमणों द्वारा सुबह से शाम तक पूजा पाठ, आरती, भजन होते रहते थे। ज़्यादातर मंदिर गाँव की चार–दिवारी के अंदर होते थे। इसलिए मन्दिरों में होने वाले धार्मिक कार्यक्रमों से लोग जुड़ने लगे। मीणाओं के

कृषि पेशे से जुड़ने के बाद उनकी निम्न वर्ग जाति की छवि भी गौण हो गई, क्योंकि वे गाँव में कृषक समुदाय में घुल–मिल गए। इसलिए उनकी सामाजिक स्थिति गाँव के पेशेवर व अन्य निम्न जातियों से ऊपर उठ गई। धीरे–धीरे मन्दिरों की संस्कृति मीणाओं को लुभाने लगी। हालाँकि वे अपनी पुरानी धार्मिक पहचान से भी जुड़े रहे। देवी के मन्दिर अकसर गाँव से दूर पहाड़ी पर बने होते थे। दूसरे देवी की पूजा किसी विशेष निर्धारित अवसरों पर होती थी। मगर मन्दिरों में शंख और घंटियां रोज़ बजती थीं। मीणा ब्राहमणों को धार्मिक व सांस्कृतिक अनुष्ठानों के लिए भी संपर्क करने लगे। विशेषकर मीणाओं में पटेल व बड़े किसान राजपूतों जैसा दिखने के लिए नकल करने लगे। उनकी नकल दूसरे मीणा परिवार भी करने लगे। इस प्रकार से भानगढ़ के इलाके में मीणाओं का वैष्णव धर्म के प्रति झुकाव बढ़ता चला गया। इस तथ्य को हम इस तरह से समझ सकते हैं जैसे भानगढ़ के नज़दीक झिरी गाँव है जिसे सोलहवीं सदी में मीणाओं ने बसाया था। यहाँ पर अच्छी किस्म का संगमरमर का पत्थर निकलता है। यहाँ पर प्राचीन शिव मन्दिर, देवनारायण मन्दिर, भैरव का स्थान और भौमिया का स्थान है। गाँव से बाहर नाथ जोगी का आसन बना हुआ है जिनके बारे में यह माना जाता है कि वे गृहस्थ जीवन छोड़कर सन्यासी बने थे और जीवित अवस्था में ही समाधि ले ली थी। इसलिए मीणाओं में वे काफ़ी पूजनीय माने जाते हैं। यह गाँव दूसरे गाँव की तुलना में काफी बड़ा गाँव है जिसमें ज़मींदार

मीणाओं की आबादी बसी हुई है। मीणा लोग सदियों से उपर्युक्त इष्ट देवों की पूजा करते आए हैं। मगर इस गाँव में 16 घर गौड़ परिवारों और 20 परिवार खण्डेलवालों के बसाएँ गए। इन्होंने चार वैष्णव मन्दिर और एक लक्ष्मीनाथ जी का मन्दिर बनवाया। मन्दिरों के बनने के बाद धीरे–धीरे मीणाओं ने भी मन्दिरों को अपना लिया और ब्राहमण राजपूतों की तरह ही मन्दिरों में भी पूजा करने लगे। हालाँकि वे अपने पुराने इष्ट देवों के प्रति भी उतनी ही श्रद्धाभाव रखते थे। मीणाओं का वैष्णव धर्म के प्रति बढ़ते हुए लगाव को देखते हुए जैन मुनि मगन सागर द्वारा *मीन पुराण* की रचना की गई थी जिसमें मीणा जाति की उत्पत्ति मीन अर्थात मछली से दिखाई है जो विष्णु भगवान के मतस्यावतार के रूप में प्रकट हुई थी। इसके साथ–साथ मुनि जी ने मीना को क्षत्रियों की एक पौराणिक जाति के रूप में दर्शाया है। कृषि पेशा अपनाने के बाद मीणाओं के सामाजिक और धार्मिक जीवन में बदलाव आये। पहला, यह है कि मीणाओं की वंशावली को राजपूतों की उत्पत्ति से जोड़ा गया, जिससे मीणाओं के सामाजिक स्तर में सम्मानजनक बढ़ोतरी हुई। शैव उपासक होते हुए भी मीणाओं ने वैष्णव धर्म की संस्कृति को अपना लिया। देवी के उपासक होते हुए भी मीणाओं ने वैष्णव धर्म की मन्दिर संस्कृति को भी आत्मसात कर लिया।

4

धार्मिक द्वन्द्वः नाथ पन्थ और वैष्णव धर्म में वर्चस्व की लड़ाई

नई धार्मिक संस्कृति के फलस्वरूप मीणाओं के अपने सामाजिक सरोकारों, विवाह और दूसरे रीति–रिवाजों आदि पर ब्राहमणवादी संस्कृति का प्रभाव पड़ने लगा। मीणा जाति का बदला हुआ धार्मिक स्वरूप इसलिए भी सम्भव हुआ क्योंकि मीणा जाति का कृषक वर्ग में बदलाव हो रहा था। जब मीणा और गूजरों का वैष्णव धर्म की संस्कृति से जुड़ाव होने लगा तब इससे इस इलाके में नाथपंथ की विचारधारा सिकुड़ने लगी और नाथ पंथ को वैष्णव धर्म से एक बड़ी चुनौती का सामना करना पड़ा। यह चुनौती दोनों धर्मों के बीच द्वन्द्व के रूप में देखी जा सकती है। भानगढ़ के उजड़ने से सम्बन्धित अनेक किस्से कहानियाँ भी इसी धार्मिक द्वन्द्व का परिणाम हैं। भानगढ़ के बर्बाद होने से सम्बन्धित एक किस्सा इस प्रकार प्रचलन में है कि भानगढ़ का किला बनाते समय बावलनाथ के शिष्यों ने माधोसिंह को कहा था कि

किले की परछाई बावलनाथ के आसन पर नहीं पड़नी चाहिए। यदि किले की परछाई उनके आसन पर पड़ी तब इसका विनाशकारी परिणाम होगा। इसका क्या अर्थ निकाला जाए? जबकि भानगढ़ का किला पहाड़ी की तलहटी में बहुत छोटा सा बना हुआ था। पहाड़ी की ऊँचाई के कारण किले की परछाई भी वहीं पर सिमट कर रह जाती है। फिर परछाई कैसे नाथपन्थी आसन पर गिर सकती थी? बावलनाथ योगी का आसन वहाँ से थोड़ी दूरी पर पूर्व की तरफ़ बना हुआ है। दरअसल बावलनाथ के आसन के पूर्व में केश्वराय और पश्चिम में गोपीनाथ जी के मन्दिर बने हुए हैं. इन मन्दिरों के कारण आम जनता का महात्मा बावलनाथ की समाधि के प्रति पहले जैसा आकर्षण नहीं रह गया था। महात्मा बावलनाथजी की लोकप्रियता दिन प्रतिदिन गिरती जा रही थी।

यह कहानी नाथपन्थियों की वैष्णव धर्म के प्रति प्रतिक्रिया के रूप में देखी जा सकती है। किले पर रानी रत्नावती का महल है। रानी रत्नावती वैष्णव धर्म की प्रतीक थीं। वैष्णव धर्म की चुनौती को हम एक दादूपंथी नाथपन्थी मोहन मेवड़ा की वाणी से समझ सकते हैं जिसमें मोहन मेवड़ा भानगढ़ के एक ब्राहमण को सम्बोधित कर रहे हैं जिसका इकलोता जवान बेटा चल बसा है। कह रहे हैं – 'हे ब्राहमण यदि आप अपने बेटे को नाथपंथी साधु बनायें, तभी हम तुम्हारे मृत बेटे के शरीर में प्राण फूँक सकते हैं और उसे जीवित कर सकते हैं', राघवदासकृत *भक्तमाल* में इस प्रकार से संबोधित किया गया है।

दादू जी के पंथ में दलेल जाके आठा जाम,
अति ही उदार मन मोहन मेवारे को।
छाजन भोजन पाणी वाणी प्रवाह जाके,
श्रवकों को सन्तोष दे जितावै मनहारे को।
विधा को बनारस पास जैसे बेधें प्रान,
अतिमन ऊजलै उजागर अखारे को।
राधो कहै जोग की जुगति करि गाये हरि,
पलाटे शरीर तन रूप भरे वारे को।
भानगढ़ नगर मैं ब्राहमण को बाल इक,
मृत पाई गयो सोग भयो उर भारी ये।
मोहन कहत यह हमको चढ़ाई देहु,
सर्व ही कहयो जु लेहु अब या जिवारिये।
बालक मैं स्वास भरि वेगिहि उठाई लीयो,
जोग की जुगति तन नौतम बिचारिये।
मात पिता भईया कुंदन मन और भयो।
कह सब देहु अजु हमारे कु मारिये।

इसमें मोहन मेवारे दादू पंथी, जो बहुत ही उदार हृदय के सन्त हैं, सभी को सुख सन्तोष देने वाले, कमज़ोर को सहारा देने वाले मोहन, बनारस से ज्ञान प्राप्त जो प्राणों को बांधकर पारस की तरह अपने ज्ञान से दूसरों के मन को प्रकाशमान करते हैं, जोग योग की जुगति (साधना) से शरीर के सारे रूप (अंगों) को नियंत्रित करते हैं।

भानगढ़ नगर में ब्राहमण का इकलौता बेटा चल बसा जिससे परिवार भारी शोकाकुल में डूब गया। मोहन ने

ब्राहमण को कहा यदि इस लड़के को हमको दे दो, तब हम इसको जीवित कर सकते हैं। यह बात सुनकर सभी कहने लगे आप ही ले लेना, पहले लड़के को जीवित करो। उसके माता–पिता व परिवार के सभी लोग कहने लगे हमें भी आज ही सभी को मारकर फिर जीवित कीजिये और अपने पास हमें भी रखिये। यहां पर भानगढ़ के ब्राहमणों का तात्पीर्य मन्दिरों के रख रखाव व पूजापाठ करने वालों से है। इस पूरे सम्बोधन में ब्राहमणों को चेताया गया है कि वैष्णव धर्म तुम्हारी विपत्ति व कष्टों को दूर नहीं कर सकता, नाथ पंथ ही ऐसा धर्म है जिसमें तुम्हारे कष्टों को दूर करने की शक्ति है।

इसी तरह की कहानी सेन्धा नामक सेवड़ा और रानी रत्नावती से जुड़ी हुई है। जिसमें रानी रत्नावती ने सेन्धा सेवड़ा का घमंड चूर–चूर कर दिया। सेन्धा सेवड़ा (बावलनाथ का चेला) अपनी तान्त्रिक विद्या से रानी को नीचा दिखाना चाहता था अर्थात रानी को हराना चाहता था। रानी की चमत्कारी शक्तियों की बातें दूर–दूर तक फैली हुई थीं। इससे सेन्धा रानी से इर्ष्या करने लगा। सेन्धा भी अपनी तान्त्रिक विधा में बहुत निपुण था जिसकी चर्चा दूर–दूर तक होती थी। रानी को अपनी तान्त्रिक शक्ति का एहसास कराना चाहता था। एक दिन सेन्धा ने बान्दी को रानी के लिए तेल ले जाते हुए देखा। सेन्धा ने बान्दी को रोक कर पूछा कि क्या तेल रानी के लिए ले जा रही हो? बान्दी ने कहा हाँ, रानी के लिए ले जा रही हूं। सेन्धा ने तेल की कटोरी को हाथ में पकड़कर कुछ

तान्त्रिक विधा से मंत्र पढ़े और फिर कटोरी बान्दी को लौटा दी। रानी ने तेल लगाने से पहले बान्दी से पूछा कि तेल को किसी ने छुआ तो नहीं। बान्दी ने रानी को बताया कि जब वह आ रही थी तब सेन्धा सेवड़ा ने उसे रोककर तेल के बारे में पूछा और इसे छुआ था। तब रानी ने बांदी को कहा कि यह तेल बाहर पड़ी चट्टान पर डाल दो। जैसे ही बान्दी ने तेल चट्टान पर डाला वैसे ही चट्टान हवा में उड़ी और सेन्धा सेवड़ा पर जा गिरी, जिससे सेन्धा की मृत्यु हो गई। रानी को अपनी करामाती शक्ति के कारण सेन्धा की शरारत का एहसास हो गया था। उधर सेन्धा ने अपनी तान्त्रिक विधा से तेल पर जादू टोना करके यह सोचा था कि रानी जैसे ही शरीर पर तेल लगायेगी तुरन्त जादू के प्रभाव से मेरे पास चली आएगी और गिड़गिड़ायेगी और फिर उसकी सारी चमत्कारी शक्तियाँ फ़ेल (निष्क्रिय) हो जायेंगी और इस खबर से पूरे इलाके में सेन्धा का यश बढ़ जाएगा और रानी की भक्ति की शक्तियों का भंडाफोड़ हो जाएगा। इस पूरे घटनाक्रम में सेन्धा सेवड़ा न केवल अपने ही बुने जाल में फंसा बल्कि उसे अपनी ज़िन्दगी से भी हाथ धोना पड़ा। यह कहानी भी वैष्णव धर्म की विचारधारा द्वारा नाथपन्थ की विचारधारा को धराशायी करने के रूप में दर्शाती है। कहानी में सेन्धा सेवड़ा नाथपन्थी है और रानी रत्नावती वैष्णव भक्त है।

इसी तरह से रानी रत्नावती की करामाती शक्तियों से सम्बंधित एक और कहानी इस इलाके में लोकप्रिय

है। माधोसिंह को अपनी पत्नी रत्नावती की करामाती शक्तियों पर कम विश्वास था। एक बार दोनों साथ बैठकर विचार–विमर्श कर रहे थे। बात करते हुए अचानक रानी ने अपना हाथ पीछे किया, माधो सिंह ने देखा कि रानी ने हाथ पीछे किया था वह पानी से गीला हो गया है। माधो सिंह को बड़ा आश्चर्य हुआ, क्योंकि उन्होंने देखा कि पीछे पानी का कोई बर्तन भी नहीं है और पानी भी नहीं है, फिर हाथ गीला कैसे हुआ? माधोसिंह ने रानी से पूछा कि हाथ आपका गीला कैसे हो गया? रानी ने बताया उसका एक व्यापारी भक्त का सामान से भरा हुआ जहाज़ समुद्र के तूफ़ान में फंसा हुआ है। भक्त ने मुझे याद किया, इसलिए मैंने हाथ से पकड़ कर जहाज़ को किनारे लगाया है। इससे मेरा हाथ समुद्री पानी से गीला हो गया। माधोसिंह यह सब देखकर हैरान था। यह किस्सा भानगढ़ के इलाके में काफ़ी लोकप्रिय है जिसे हमें सैंथल गाँव के पुजारी ने सुनाया था। यह किस्सा इस तथ्य को दर्शाता है कि वैष्णव धर्म व्यापारी वर्ग में काफ़ी लोकप्रिय था। इसी तरह की एक करामाती कहानी प्रियादास ने भक्तमाल के टीका में लिखी है। एक बार राजा मानसिंह और माधोसिंह विजय अभियान से लौट रहे थे। दोनों एक नाव में बैठकर नदी पार कर रहे थे। अचानक उनकी नाव डगमगाने लगती है और दोनों घबरा जाते हैं। मानसिंह ने माधोसिंह से कहा कि अब क्या करें? तब दोनों ने रानी रत्नावती के नाम का स्मरण किया और देखते ही देखते उनकी नाव किनारे पर आ गई। दोनों की जान बच गई।

दोनों रानी की चमत्कारी शक्ति देखकर हैरान रह गए। भक्तमाल के टीका में प्रियादास लिखते हैं। माधोसिंह की पत्नी रानी रत्नावती के साथ साधु–सन्तों का मिलना और सत्संग आमेर शहर के लोगों में आम चर्चा का विषय बन गया था। जिससे झूंझलाकर माधोसिंह ने रानी की हत्या करने की योजना बनाई और रानी को मारने के लिए एक शेर को लाया गया और शेर को रानी के महल में छोड़ा गया। शेर ने रानी पर हमला न करके माधोसिंह के दूसरे चाकरों पर हमला कर दिया और शेर ने अनेक लोगों को मार गिराया व घायल कर दिया। रानी को देखकर शेर खड़ा हो गया और रानी को श्रद्धाभाव से देखता रहा और कुछ नहीं किया। इस घटना से आमेर के निवासी हैरान थे। सभी ने रानी की चमत्कारी शक्ति का आभास किया। अन्त में राजा मानसिंह और उसका छोटा भाई माधोसिंह दोनों रानी रत्नावती की चमत्कारी शक्तियों को मानने लगे, इससे रानी का यश और सम्मान पूरे आमेर शहर में बहुत बढ़ गया। पहले राजा मानसिंह और माधोसिंह रानी रत्नावती की श्री कृष्ण भक्ति व सत्संग से बहुत दुखी रहते थे और वे इसे अपने राजपूत शासक वर्ग की शान के खिलाफ मानते थे इसलिए शुरूआती दिनों में रानी को बहुत परेशान और उत्पीड़ित किया गया था। मगर जैसे–जैसे रानी रत्नावती की करामाती शक्तियों का आभास होने लगा, वैसे ही रानी के प्रति सम्मान और उनकी भक्ति के प्रति श्रद्धाभाव बढ़ने लगा। अन्त में रानी के रहने के लिए भानगढ़ में एक नया आवास बनाया गया

जिसे रानी रत्नावती का महल कहते हैं। यहाँ पर वह रानी आजीवन भर समर्पित भाव से श्री कृष्ण की भक्ति व सत्संग करती थीं और साधु–सन्तों का आवागमन लगा रहता था। इस तरह से रानी रत्नावती की वजह से भानगढ़ वैष्णव धर्म के एक बड़े केन्द्र के रूप में विकसित हुआ। वैसे रानी रत्नावती का वैष्णव भक्ति में सन्त के रूप में आमेर राजघराने के इतिहास में कोई नई बात नहीं थी। महाराज पृथ्वीराज का इतिहास भी रानी रत्नावती की तरह धार्मिक क्षेत्र में काफी चर्चित रहा है। पृथ्वीराज सन् 1446 ई. में आमेर की गद्दी पर बैठे थे। आमेर के राजाओं में महाराज पृथ्वीराज विख्यात हैं। मुंशी देवीप्रसाद जी ने लिखा है कि 'महाराज पृथ्वीराज जी की चर्चा जितनी भगवान के भक्तों में होती है, उतनी राजाओं के इतिहास में नहीं।'

ऐसा माना जाता है कि महाराज पृथ्वीराज अपने शासनकाल के प्रारम्भ के वर्षों में नाथपन्थी योगी कापलिक सम्प्रदाय के चतुरनाथ जी के प्रभाव में रहकर सत्संग करते थे। बाद में उन्हीं को अपना गुरू बना लिया था। पृथ्वीराज महाराज अपने गुरू चतुरनाथ जी के साथ आमेर के शिव मन्दिर में प्राणायाम और समाधि लगाने में काफी समय व्यतीत करते थे। कुछ समय पश्चात् रामानुज सम्प्रदाय के एक प्रसिद्ध साधु कृष्णदास जी पयहारी आए। महारानी बाला बाई कृष्णदासजी पयहारी से बहुत प्रभावित हुई और महारानी ने कृष्णदास जी को अपना गुरू बना लिया। इस तरह से आमेर के राजमहल

में नाथपन्थी शैवमत के अनुयायिओं और कृष्णदास जी वैष्णव मत के अनुयायियों के बीच धार्मिक वाद–विवाद और आपसी मतभेद होने लगे। अन्त में अनुयायियों की बड़ी सभा में नाथपन्थी चतुरनाथजी और वैष्णव कृष्णदासजी पयहारी के बीच धार्मिक विषयों पर खुली बहस शुरू हुई जिसमें चतुरनाथजी हार जाते हैं और उन पर हारने की सज़ा दो भारे लकड़ी के गलता की गद्दी पर डालने की सुनाई गई। इसके बाद गलता की गद्दी पर वैष्णव धर्म (रामानुज सम्प्रदाय) का अधिकार हो गया। राजा और रानी दोनों भक्ति में बहुत समय लगाते थे। इस प्रकार रानी रत्नावती को भगवान की भक्ति की शिक्षा आमेर के शासकों से विरासत में मिली थी।

रानी रत्नावती वैष्णव थी, वह सुख–शांति व सम्पन्नता का प्रतीक मानी जाती थी इसलिए आसपास के लोग भानगढ़ के किले में रानी रत्नावती की आत्मा से सुख–शांति व सम्पन्नता का आशीर्वाद मांगने आते हैं अर्थात् शादी करके दुल्हा–दुल्हन जोड़े से आते हैं और वे टूटे हुए रानी रत्नावती के महल में तीन ईंटों से एक सांकेतिक घर बनाकर अपने सुखी दाम्पत्य जीवन की मन्नत मांगते हैं। उनका विश्वास है कि रानी रत्नावती फिर से जन्म लेंगी और भानगढ़ फिर से आबाद होगा। इस प्रकार रानी रत्नावती भानगढ़ के आसपास सुख शांति व सम्पन्नता का प्रतीक हैं, वहाँ के लोग रत्नावती को शुभ मानकर अपने होटल व दुकानों पर रत्नावती के नाम का बोर्ड लगाते हैं। दूसरी तरफ सेन्धा सेवड़ा भय का प्रतीक हैं जो

अपने जादू–टोनों के प्रभाव से लोगों को डराकर रखता था, जो प्रेत आत्माओं को भगाता था। इसलिए भानगढ़ के किले में कुछ ऐसे लोग व औरतें भी आती हैं जो भूत व प्रेत आत्माओं से पीड़ित हैं। वे वहाँ पर जिन्न महाराज के नाम का मंत्र का झाड़ा लगवाते हैं जिससे डरकर भूत व प्रेत आत्मा उस आदमी व औरत को छोड़कर भाग जाएँ। लोगों का गानना है कि जब तक सेन्धा सेवड़ा यहाँ रहता था, उसकी विधा के डर से यहाँ कोई भूत–प्रेत का वास नहीं होता था। उसने अपनी तांत्रिक विद्या से भूतों पर नियन्त्रण किया हुआ था। मगर जैसे ही वह मरने लगा, उसने उन सभी भूतों को आज़ाद कर दिया और भानगढ़ के लोगों को डराने के लिए छोड़ दिया गया तभी तो इस धारणा को बल मिला कि सायं होने के बाद भानगढ़ भूतों का आवास बन जाता है।

टीकाः रानी रत्नावती वैष्णव सन्त

अब हम रानी रत्ना रत्नावती से जुड़े कुछ धार्मिक सवालों पर चर्चा करते हैं। अलवर राज्य के गैर अभिलेखीय दस्तावेज़ों के अनुसार रानी रत्नावती तीतरवाड़ा (भानगढ़ के नज़दीक एक गाँव) के ज़मींदार बड़गूज्जर की बेटी थी, जिनकी शादी आमेर में माधोसिंह (मानसिंह कछवाह का छोटा भाई) से हुई थी। श्री भक्तमाल के टीका में श्री प्रियादासजी रानी रत्नावती जी के बारे में इस प्रकार

वर्णन करते हैं: 'आमेर नरेश महाराज पृथ्वीराज वंश में ब्याह कर आई रानी रत्नावती बहुत बड़ी राजभक्त हुई है। आपको भगवान की कथा और उनके कीर्तन से बड़ा प्रेम था। भगवान भक्ति में अत्यधिक भाव होने के कारण आपके यहाँ भक्तों की भीड़ लगी रहती थी। आप अत्यन्त प्रसन्नतापूर्वक भगवान के विशाल महोत्सवों की रचना करतीं और अपने इष्ट देव श्री नन्दलाल का नित्य नवीन लाड़ दुलार करती थीं। भगवान मुकुन्द के श्री चरणों के नित्य नन्दन द्वारा आपने भक्ति की महिमारूपी ध्वज को बहुत ऊँचे तक फहराया। अपने व्रत की निष्ठा में स्थिर होकर आपने अपने पति का बिल्कुल लोभ नहीं किया। बल्कि उससे मन हटा लिया, पर अपना भक्ति प्रण नहीं छोड़ा। राजा मुनरवाजीत की पुत्री रानी रत्नावती में सहजता के सभी गुण विशेषरूप से विद्यमान थे, जिनका प्रकाश आमेर के राजमहलों में हुआ।'

आगे प्रियदास जी कहते हैं कि रानी रत्नावती आमेर नरेश मानसिंह के छोटें भाई माधोसिंह की पत्नी थी जो आमेर के राजमहल में शाही तौर–तरीकों से रहती थी। एक दासी जो उनकी सेवा करती थी वह श्री कृष्ण भक्ति प्रेम में डूबी रहती थी। अपनी प्रिय दासी की स्थिति देखकर रानी ने पूछा कि तुम किसके प्रेम में इतनी डूबी रहती हो? कौन है जिसका तुम नाम लेकर लम्बी लम्बी सांसें भरकर याद करती रहती हो। दासी ने कहा – हे महारानी आप मेरी व्यथा पूछकर क्या करोगी? आप राजमहल में राजसी सुख भोगिये। प्रेम के इस दुख को भोगने के लिए मैं ही

काफी हूं। दासी के समझाने के बावजूद भी रानी जानने के लिए हठ करती रही, तब दासी ने रानी को विस्तार से श्री कृष्ण वृन्दावन धाम के बारे में बताया।

दासी ने रानी को बड़े–बड़े सन्त महापुरुषों जैसे श्री हित हरिवंश, स्वामी हरिदास आदि की वाणियां भी सुनाईं। रानी रत्नावती के हृदय पर दासी की बातों का ऐसा प्रभाव पड़ा कि उसने दासी को दैनिक सेवा कार्यों से मुक्त करके आदर से अपने पलंग पर बैठा लिया और उनसे श्री कृष्ण भक्ति के बारे में ज्ञान लेने लगी। रानी के हृदय में दासी के प्रति गुरू भावना जागृत हुई। इस प्रकार रानी का हृदय श्री कृष्ण भक्ति में तबदील हो गया और रानी दिन–प्रतिदिन श्री कृष्ण भक्ति प्रेम के रस में डूबती चली गई। इस प्रकार रत्नावती रानी से सन्त बन गई। अब रत्नावती गुरू रूप दासी से दिन रात श्री कृष्ण की रूप माधुरी लीला का वर्णन सुनती और निरन्तर सोचती रहती कि श्री कृष्ण के दर्शन कैसे हों? वह दासी से कहती कि कुछ भी उपाय करो मुझे मनमोहन के दर्शन करा दो। उनके दर्शन के बिना जीवन दुर्भर लगता है। दासी ने कहा कि श्री कृष्ण जी का दर्शन करना असंभव है, उनके दर्शन तो केवल उनकी भक्ति प्रेम व सत्संग के माध्यम से ही महसूस किए जा सकते हैं। रानी की श्री कृष्ण के प्रति भक्ति भावना देखकर दासी ने रानी को कहा कि अपने महल के निकट एक सन्त भक्तशाला बनवाइये और शहर के चारों ओर पहरेदार को बिठाकर उन्हें समझा दीजिए कि जो कोई भक्त सन्तगण वहाँ से होकर निकले,

वे उन्हें अपने साथ यहाँ ले आए। सेवकगण उनके चरण धोकर सम्मानपूर्वक उन्हें बिठायें और उन्हें भोजन कराएँ। इस अवसर पर आप चिक डलवाकर पर्दे के पीछे से उन सन्तों के दर्शन करें तो आपको उनमें श्री श्याम सुन्दर के दर्शन होंगे। दासी के आदेशानुसार वहाँ पर सम्पूर्ण व्यवस्था कर दी गई और श्री हरि के प्यारे सन्तगण वहाँ आने लगे। साधु–सन्तों के वहाँ पर आने से श्री वृन्दावन बिहारी के नाम से सत्संग होने लगे। वे राधा कृष्ण प्रेमरस के पद गाते। इस तरह से श्री कृष्ण के प्रेम में साधु–सन्तों को गाते हुए रानी रत्नावती पर्दे के पीछे से देखती रहती थी। एक दिन अचानक रानी रत्नावती अपने पर्दे को छोड़कर साधु सन्तों के सत्संग में आ गई। दासी के बहुत समझाने के बावजूद भी रानी नहीं मानी। रानी ने कहा अब मुझे कोई कुल की मर्यादा और लज्जा साधु–सन्तों के सत्संग के बीच जाने से रोक नहीं सकती। अब मैं श्री कृष्ण की भक्ति के प्रेम में डूब चुकी हूं। यह फैसला मैंने बहुत सोच विचार करके लिया है क्योंकि जो आनन्द और सुख श्री कृष्ण भक्ति से मिलता है वह मुझे राजमहल में नहीं मिल सकता। श्री कृष्ण भक्ति प्रेम की उमंगों में भरी हुई रानी रत्नावती महल छोड़कर ब्रजवासी साधु–सन्तों की सेवा में पहुंच गई और अपने हाथों से भोजन परोसने लगी। रानी के सन्तों के सत्संग में जाने का समाचार पूरे शहर में फैल गया जिसे देखने के लिए आमेर के नर–नारी उमड़ पड़े। यह खबर राजमहल में भी पहुंच गई। आमेर नरेश को बताया गया कि रानी ने शंका, संकोच, भय आदि का

त्याग करके निडर की भांति कुल मर्यादा के विपरीत मार्ग अपनाया है। उन्होंने लज्जा का त्याग कर दिया है और मुडिया बैरागियों की सभा में जा बैठी हैं। ये सभी बातें सुनकर आमेर नरेश के शरीर में क्रोध से आग सी लग गई। संयोगवश उसी समय रानी रत्नावती का पुत्र प्रेम सिंह राजमहल में आया और उसने राजा मानसिंह को प्रणाम किया। राजा क्रोध से भरे हुए थे, उन्होंने राजकुमार प्रेम से कहा 'आवो मोड़ी के पुत्र', जिसे सुनकर राजकुमार प्रेमसिंह का मन अपमान और अत्यन्त पीड़ा से भर गया और उन्होंने अपनी माता रत्नाबाई को एक पत्र लिखकर भेजा जिसमें लिखा था कि मैं यदि मोड़ी का पुत्र हूं तब मैं मोड़ी का पुत्र बना रहना ही अपना सौभाग्य समझूंगा और मोड़ा मेरी जाति होगी। जैसे ही रानी ने पत्र पढ़ा, पढ़ते ही रानी पर भक्ति का आवेश छा गया। उन्होंने उसी क्षण अपने बालों को मुंडवा दिया और मोड़ी हो गई और अपने पुत्र को लिख भेजा। प्रिय प्रेमसिंह आज तुम्हारी माता मोड़ी हो गई। तुम मेरी इस बात को सत्य प्रेम की आंखों से देखना और किसी बात की चिन्ता मत करना। उधर राजकुमार प्रेमसिंह ने भी अपने पिता माधोसिंह को लिखकर भेजा 'अब हमारे दुःख शोक दूर हो गए हैं क्योंकि अब हम सचमुच ही मोड़ी के हो गए हैं।' हमारी माता जी ने मोड़ी के अनुरूप वेश धारण कर ली है। इस बात से माधोसिंह अपने पुत्र प्रेमसिंह से बहुत दुखी हुए। राजा दरबार से तुरन्त महल के अन्दर चला गया। उन्होंने अपने खास सलाहकारों को बुलाकर कहा 'देखो! मेरी नाक कट

गई है, उससे रक्त प्रवाहित हो रहा है इसलिए इस व्यथा का निवारण करना तुम्हारा काम है।' 'कुछ ऐसा हो रानी की हत्या का कलंक भी न लगे और लगा हुआ कलंक भी मिट जाये।' राजा ने कहा कि जब तक मोड़ी रानी जीवित रहेगी तब तक मेरी निन्दा का प्रवाह नहीं रूकेगा। इसे रोकने के लिए रानी का वध करना आवश्यक है। राजा की बात सुनकर यह फैसला लिया गया कि राज बाग के पिंजड़े में जो सिंह बन्द है, उसे रानी के महल में ले जाकर खोल दिया जाए। यह कार्य कुछ इस तरह से किया जाए कि किसी को कोई शक न हो और यह अफ़वाह फैला दी जाए कि सिंह पिंजड़े से निकल भागा और रानी उसके सामने आ गई। सभी को यह प्रस्ताव ठीक लगा और राजा ने वैसा करने का आदेश दे दिया। पिंजड़े से खोला हुआ सिंह जब रानी की सन्तशाला की तरफ आ रहा था तब सबसे पहले उसे दासी ने देखा। उसने रानी को सावधान रहने को कहा, क्योंकि सिंह रानी की तरफ आ रहा था। उस समय रानी अपनी प्रभु भक्ति में लगी हुई थी। जब आँखें खोलकर दासी की बात सुनी तब सिंह को अपनी ओर आते देखा। रानी हड़बड़ाकर उठी और बोली – अहो! आज मेरे भाग्य जागे, जो मेरे घर नृसिंह भगवान ने स्वयं पधारकर दर्शन दिए हैं। खड़ी होकर रानी शान्त स्वभाव से नृसिंह भगवान के रूप का दर्शन करने लगी। सिंह रानी को छोड़कर बाहर निकल भागा। बाहर आकर सिंह ने अनेक लोगों को मार गिराया। यह खबर राजा माधोसिंह के पास पहुंची कि सिंह ने रानी की तरफ देखा

तक नहीं और रानी अपनी भक्ति में लीन थी। उल्टे सिंह ने राजा के अनेक लोगों को मार दिया। यह खबर सुनकर राजा का रानी के प्रति क्रोध व बैर भाव जाता रहा और उनका हृदय परिवर्तित होने लगा। राजा रानी के पास स्वयं चलकर गए। राजा ने उनका हाल–चाल पूछा, अनेक बार प्रणाम करने के बावजूद भी रानी ने राजा की तरफ मुड़कर नहीं देखा। तब दासी ने रानी से विनम्र निवेदन किया कि राजा साहब आपसे मिलने आए हैं उनकी तरफ अपनी दृष्टि घुमाकर तो देखो। रानी ने कहा – अब दृष्टि घुमाने का कोई कारण नहीं है, मैंने तो अपनी सम्पूर्ण दृष्टि एक ही ओर लगा दी है और अब मैं अपनी दृष्टि राजा की ओर नहीं लगा सकती। रानी रत्नावती की बात सुनकर राजा माधोसिंह ने विनम्र भाव से कहा 'यह सारा राज्य और कोष आपका ही है, इसे स्वीकार कीजिए।' रानी ने राजा को उत्तर दिया 'यह सब राज्य कोष अब आप ही भोगिये, मेरे सुखदाता तो कोई और ही हैं।'

रानी रत्नावती भी मीराबाई की तरह वैष्णव थी। दोनों ही श्रीकृष्ण की भक्ति के प्रति समर्पित थीं। दोनों ही शाही राजपूत परिवारों में ब्याही गईं थीं। मगर फिर भी मध्यकालीन वैष्णव भक्ति सन्तों में मीराबाई का स्थान बहुत ऊँचा रहा है। भक्तमाल में रानी रत्नावती का नाम मध्यकालीन सन्तों की सूची में शामिल तो है, मगर मीराबाई की तुलना में उतना लोकप्रिय नहीं है। इसके कुछ कारण खोजे जा सकते हैं। मीराबाई रत्नावती से पहले हुई हैं जिन्हें पारिवारिक विरोध व ज़्यादा प्रताड़ना

का सामना करना पड़ा था। हालाँकि प्रियादास जी के वर्णन से यह तो मालूम पड़ता है कि रानी रत्नावती को भी पारिवारिक विरोध का सामना करना पड़ा था, मगर मीराबाई चित्तौड़गढ़ को छोड़कर द्वारका चली गई थी। मीराबाई का साधु–सन्तों के बीच रहकर सत्संग करना उनके साथ घूम–घूमकर श्री कृष्ण भक्ति का प्रचार व प्रसार करना ज़्यादा लोकप्रिय था। हालाँकि प्रियादासजी बताते हैं कि रानी रत्नावती भी अपने कुल मर्यादा के खिलाफ अपनी लज्जा की परवाह न करते हुए साधु–सन्तों के साथ सत्संग में भाग लेने लगी। वह दासी को ही अपना गुरू मानने लगीं थीं। उनका एक बेटा भी उनके समर्थन में खड़ा हो गया था। इन बातों के अलावा मीराबाई की रचनाएँ व पद वैष्णव भक्ति सन्तों में ऊँचा स्थान रखते हैं जबकि रानी रत्नावती के द्वारा ऐसी कोई रचनाएँ व पदों की जानकारी नहीं मिलती जिससे उनका नाम आगे बढ़े। रानी रत्नावती ने अपने बाद के वर्षों में आमेर के महल को छोड़ दिया था और वे भानगढ़ में बस गईं थीं जिनके लिए वहाँ एक छोटा–सा महल बनाया गया, जिसमें उनकी भक्ति के लिए गोपीनाथ का मन्दिर भी बनवाया गया था। महल के पास एक सन्तशाला भी बनवाया गया जहाँ पर रानी रत्नावती साधु–सन्तों के बीच सत्संग करतीं थीं। उनकी वैष्णव भक्ति के प्रति श्रद्धा व लगन को देखकर भानगढ़ के आसपास के लोगों में उनके प्रति अपार श्रद्धा थी। उनकी भक्ति व चमत्कारी शक्तियों से सम्बधित अनेक किस्से व कहानियाँ उस

इलाके में आज भी प्रचलन में है। भानगढ़ उजड़ने के साथ साथ रानी रत्नावती की वैष्णव भक्ति का साम्राजय भी उजड़ गया। भानगढ़ उजड़ने के बाद वैष्णव भक्ति की पूजा अर्चना का स्थान भी नहीं रहा। इससे वहां के ब्राहमणों को बड़ा धक्का लगा। एक लम्बे समय से ब्राहमण वहां के वैष्णव मन्दिरों की पूजा अर्चना व रख रखाव से जुड़े हुये थे। दूसरी तरफ महात्मा बावलनाथ की समाधि स्थल पहले की भांति ही बना रहा। इसलिए बावलनाथ से जुड़ी हुई अवधारणाओं को ब्राहमणों की प्रतिक्रिया के रुप में समझाजा सकता है। जिनमें कहा गया है कि भानगढ़ की दुर्दशा के लिए महात्मा बावलनाथ ज़िम्मेदार था।

भानगढ़ के उजड़ने से संबंधित अवधारणायें और तत्कालीक कारण

सत्रहवीं सदी में भानगढ़ एक फलता फूलता वाणिज्यिक कस्बा होता था। मगर अठाहरवीं सदी के प्रारम्भिक वर्षो में राजनैतिक कारण से उजाड़ दिया गया। भानगढ़ के गैर अभिलेखीय दस्तावेज़ों में भानगढ़ उजड़ने से संबंधित अनेक अवधारणाओं की चर्चा की गई है। हालांकि ये अवधारणायें उन्नीसवीं सदी के उत्तरार्ध में ही प्रचलन में आई होंगी। इस अध्याय में इन अवधारणाओं का विश्लेषण करना आवश्यक है। मगर इनमें से दो अवधारणायें सबसे ज़्यादा लोकप्रिय हैं, जिनके बारे में पर्यटकों को बताया

जाता है कि भानगढ़ का विनाश महात्मा बावलनाथ के अभिशाप के कारण हुआ था। अर्थात् महात्मा बावलनाथ का अनादर करना भानगढ़ के विनाश का कारण बना। आम धारणा के अनुसार आमेर के कच्छवाह राजा भगवन्तदास ने भानगढ़ की स्थापना महात्मा बावलनाथ के आर्शीवाद से की थी। मगर साथ–साथ महात्मा ने भानगढ़ के उजड़ने की भी भविष्यवाणी की थी। राजा को ऊकड़ू की स्थिति में बैठे देखकर, महात्मा ने राजा को कहा, 'हे राजन! शहर तो बस जायेगा, मगर जल्दी ही उजड़ भी जायेगा, क्योंकि तुम्हारे अन्दर न तो धैर्य है और न ही ठहराव है। शहर का स्वभाव भी ऐसे ही रहेगा।' इसलिए लोगों का मानना है कि भानगढ़ के उजड़ने की भविष्यवाणी महात्मा बावलनाथ ने पहले ही कर दी थी। इसी तरह महात्मा बावलनाथ से संबंधित एक दूसरी अवधारणा है जिसको सुनाकर पर्यटकों का विश्वास और पुख्ता किया जाता है। यह है कि भानगढ़ का विनाश महात्मा बावलनाथ के अनादर के कारण संभव हुआ था। इस अवधारणा में बताया जाता है कि जब माधोसिंह (भगवन्तदास का छोटा बेटा) भानगढ़ में किले का निर्माण कर रहे थे, तब महात्मा बावलनाथ के शिष्यों ने उन्हें चेताया था कि यदि किले की परछाई महात्मा की समाधि स्थल पर पड़ेगी, तब भानगढ़ का विनाश अवश्यंभावी है क्योंकि ऐसा होने से महात्मा बावलनाथ का अनादर करना होगा।

इस अवधारणा ने लोगों के विश्वास को पुख्ता बना दिया कि बावलनाथ के शिष्यों की चेतावनी के बावजूद भी

माधोसिंह ने किले की ऊंचाई इतनी बना दी कि उसकी परछाई महात्मा के समाधी स्थल पर पड़ने लगी, जिसके परिणामस्वरूप भानगढ़ उजड़ गया। दरअसल भानगढ़ की पुरानी पहचान नाथ पंथी महात्मा बावलनाथ से जुड़ी हुई थी। किले के पूर्व दिशा में बावलनाथ जी का समाधी स्थल बना हुआ है। भानगढ़ के इलाके में बावलनाथ जी की लोकप्रियता और श्रद्धा–भाव के कारण माधोसिंह ने इनके आसन के रख–रखाव के लिए 44 बीघा ज़मीन दान में दी हुई थी। महात्मा बावलनाथ के शिष्यों की एक लम्बी परम्परा रही हे, जिन्होंने महात्मा की विरासत को आगे बढ़ाया था। इनमें मुख्य रूप से नेमीनाथ, मुल्कनाथ, शंभूनाथ, पूर्णनाथ और शंकरनाथ जी हुए हैं। इससे पता चलता है कि महात्मा बावलनाथ जनसाधारण में काफी पूजयनीय रहे हैं। इसलिए इस अवधारणा ने लोगों के विश्वास को पुख्ता बना दिया है कि भानगढ़ का विनाश महात्मा बावलनाथ के अनादर के कारण हुआ था। हालांकि इस अवधारणा में सत्यता नज़र नहीं आती है। क्योंकि माधोसिंह ने भानगढ़ के किले का निर्माण पहाड़ की गोद में करवाया था, जिसकी परछाई दूर तक नहीं जाती। किला भी बहुत बड़ा और ज़्यादा ऊंचाई वाला नहीं बनाया गया था। किले से बावलनाथ जी की समाधी स्थल कुछ दूरी पर पूर्व की तरफ है। वहां तक किले की परछाई पहुंचना संभव नहीं था। माधोसिंह महात्मा बावलनाथ जी के प्रति बहुत श्रद्धाभाव रखते थे। हालांकि महात्मा बावलनाथ से जुड़ी हुई अवधारणा में नाथपंथ की विचारधारा की ताकत

और शक्ति को दर्शाती है, मगर दूसरी तरफ विनाशक की भूमिका भी प्रमुख रूप से केन्द्र बिन्दु बनकर रही है। नाथपंथी साधुओं से जुड़ी हुई और भी इसी तरह की अवधारणाएँ गैर–अभिलेखीय दस्तावेज़ों में मिलती हैं। कहा गया है कि सोमेश्वर मंदिर के पास पहाड़ में एक गुफ़ा है, जिसमें एक नाथपंथी साधु ने समाधी ले रखी थी। काफी दिनों तक साधु गुफ़ा से बाहर नहीं निकला। भानगढ़ के लोगों का मानना था कि गुफ़ा के अंदर ही साधु ने प्राण त्याग दिए हैं। इस सन्देह में वहां के अधिकारियों ने साधु को गुफ़ा से बाहर निकालकर दाहसंस्कार कर दिया। जैसे ही आग की लपटें साधु के शरीर पर लगी, वैसे ही ज़ोर से चीख निकली। सभी लोग आश्चर्यचकित होकर एक दूसरे को देखने लगे। साधु ने करहाते हुये लोगों को अभिशाप दिया था कि इसका बदला एक दिन भानगढ़ के लोगों को चुकाना होगा। इस घटना के बाद ऐसी अवधारणा प्रचलन में आई कि भानगढ़ के लोगों पर साधु की हत्या के पाप का बोझ था, जो भानगढ़ उजड़ने से दूर हुआ। भानगढ़ के इलाके में नाथपंथी साधुओं द्वारा जीवित अवस्था में ही समाधी लेना एक पुरानी परम्परा रही है। ज़्यादातर गांवों में ऐसे समाधी स्थल बने हुए हैं जहां पर नाथपंथी साधुओं ने जीवित अवस्था में ही समाधी ले ली थी। इनके सम्मान में समाधी स्थलों पर आज भी मेले लगते हैं। इसी तरह का एक पुराना किस्सा नाथपंथी साधु के बारे में बताया गया है कि सोमेष्वर मंदिर के पीछे उपर पहाड़ में एक पानी का टाका (श्रोत) है। वहां पर एक साधु

ने समाधी ले रखी थी। साधु को समाधी में बैठे हुए काफी दिन बीत चुके थे। भानगढ़ के कुछ युवकों ने समाधी को उपर से उधेड़ डाला। यह देखने के लिए कि साधु जीवित अवस्था में है या नहीं। जैसे ही समाधी को तोड़ा गया, वैसे ही साधु ने गुस्से से भरी आंखों से युवकों को देखा। साधु ने कहा तुम लोगों ने मेरी तपस्या भंग की है। अब मैं जीवित नहीं रहूंगा। मगर जिस प्रकार मैं क्रोध की अग्नि में जल रहा हूं, उसी तरह भानगढ़ के लोग भी क्रोध की अग्नि में जलकर मर जाएँगे। कुछ पंडितों का मानना था कि इस घटना के कुछ समय बाद भानगढ़ के राजावतों में गद्दी की दावेदारी को लेकर आपसी रंजिश और कलह इतनी बढ़ गई थी कि माधोसिंह के दोनों पुत्रों (छतरसिंह और सुजान सिंह) के वंशज एक दूसरे के खून के प्यासे हो गए। यह दुश्मनी भयंकर लड़ाई में बदल गई जिसमें दोनों तरफ से राजपूत मारे गए। ऐसा माना जाता है कि इस लड़ाई में माधोसिंह का वंश नष्ट हो गया था। भानगढ़ का राजनीतिक संकट भानगढ़ की बर्बादी तक बढ़ता ही गया।

सबसे ज़्यादा किस्से, कहानियाँ रानी रत्नावती से जुड़ी हुई हैं। इसलिए भानगढ़ में सबसे ज़्यादा चर्चा रानी रत्नावती पर होती है। बहुत कम लोग जानते हैं कि रानी रत्नावती एक बहुत बड़ी वैष्णव सन्त थीं। उन्होंने आमेर घराने के राजलोक के सभी तरह के सुख सम्पन्न जीवन का परित्याग करके भानगढ़ में एक साधु सन्त की तरह जीवन जीया। साधु सन्तों की पोशाक में रहकर

श्रीकृष्ण भक्ति में पूरी तरह से समर्पित होकर रहती थी। यू–ट्यूब पर न जाने रानी रत्नावती की छवि कैसे–कैसे पेश की जाती है? इनमें सबसे चर्चित कहानी सेन्धा सेवड़ा से संबंधित है जो रानी रत्नावती की सुन्दरता के प्रति आकर्षित रहता था। मन ही मन उसे पाने का ख्वाब देखता रहता था। जादू टोना व तांत्रिक विद्या में माहिर होने के कारण भानगढ़ के लोग सेवड़ा से भयभीत रहते थे। रानी की गतिविधियों पर वह कड़ी नज़र रखता था। एक दिन उसने रानी की बांदी को बाज़ार से आते हुए देखा। बांदी को रोक कर उसने पूछा कि आपके हाथ में क्या है? बांदी ने कहा कि वह रानी के लिए तेल लेकर आई है। सेवड़ा ने बांदी के हाथ से तेल का बर्तन लिया और उसमें कुछ मंत्र बोलकर बर्तन वापिस बांदी को लौटा दिया। बांदी ने जैसे ही तेल का बर्तन रानी को दिया, रानी को आभास हो गया कि तेल में कुछ गड़बड़ है। रानी ने बांदी से पूछा कि तेल के बर्तन को किसी ने छुआ तो नहीं। बांदी ने कहा कि रास्ते में सेवड़ा ने इसे छुआ था। यह सुनते ही रानी ने बांदी को कहा कि तेल को बाहर पड़ी चट्टान पर डाल दो। बांदी ने जैसे ही तेल को चट्टान पर डाला, चट्टान हवा में उपर उठकर सेवड़ा पर जा गिरी। जिससे दबकर सेवड़ा की मौत हो गई। मगर मरते समय सेवड़ा ने अभिशाप दिया था कि भानगढ़ में कोई नहीं बचेगा, सभी उसकी तरह ही बेमौत मारे जाएँगे। सेवड़ा को रानी को पाने की अभिलाषा में अपने प्राणों से हाथ धोना पड़ा। सेवड़ा ने अपनी तांत्रिक

विद्या से तेल के बर्तन में इसिलिए मंत्र पढ़े थे ताकि रानी जैसे ही शरीर पर तेल लगाए वह जादू टोने के प्रभाव से सीधी सेवड़ा के पास चली आएँ। इस तरह से वह रानी को अपने जादू टोनों के प्रभाव से अपने पास बुला लेना चाहता था। दरअसल यह एक घटिया निम्न स्तर की कहानी है जिसमें रानी की छवि को इस तरह से दिखाया गया है। यह कहानी भानगढ़ में पर्यटकों को बड़े चाव से बताई जाती है। कहानी की विश्वसनीयता को बनाएँ रखने के लिए पर्यटकों को उपर पहाड़ पर बनी हुई सेवड़ा की छतरी भी ईशारा करके दिखाई जाती है। हालांकि उस छतरी का सेवड़ा से कोई संबंध नहीं था। सुरक्षा के दृष्टिकोण से उपर पहाड़ पर छतरी बनवाई गई थी। दुश्मन की गतिविधियों पर निगरानी रखने के लिए यह छतरी बनवाई गई थी। यह छतरी एक तरह से पुलिस चौकी की तरह होती थी। मगर लोक अवधारणा में छतरी की पहचान सेवड़ा से जुड़ी हुई है। इससे पर्यटकों को लगने लगता है कि भानगढ़ का विनाश सेवड़ा के अभिशाप के कारण हुआ होगा।

रानी रत्नावती और सेन्धा सेवड़ा के किस्से और कहानी इस तरह से पेश किए गए हैं मानो आप किसी पिक्चर में नायक और खलनायक की भूमिका देख रहे हों। इस पूरी घटनाक्रम में सेवड़ा भय, आतंक और ईर्ष्या का प्रतीक है, जबकि रानी रत्नावती स्नेह, शांति और सुखमय जीवन की प्रेरक है, जिसने भानगढ़ के लोगों को सेवड़ा के भय के वातावरण से मुक्ति दिलवाई। हालांकि पूर्व

उपनिवेशिक काल में बीमारियों के इलाज के लिए सेवड़ों की भूमिका महत्वपूर्ण होती थी। राजस्थानी दस्तावेज़ों में अनेक सेवड़ों के नाम मिलते हैं जिन्होंने जयपुर राजघराने की रानियों व अन्य जनानी ड्योढ़ी की महिलाओं की बीमारियों का इलाज अपने जादू–टोनों व तांत्रिक विद्या के ज्ञान से किया था। इसलिए सम्भवतः भानगढ़ में भी सेन्धा सेवड़ा रहता होगा जो अपनी तांत्रिक विद्या व जादू टोनों से लोगों की बीमारियों का इलाज करता होगा। सेवड़े आमतौर से भूत–प्रेतों से सताई हुई महिलाओं का इलाज करते थे, जिन औरतों के बच्चे पैदा नहीं होते थे वे सेवड़ों से गंडा, डोरी व ताबीज़ बनवाकर पहनती थी ताकि वे माँ बन सकें। मगर आमतौर से सेवड़ों से लोग डरते थे क्योंकि वे जादू टोनों से भूत–प्रेतों को नियंत्रण में रखते थे। सेवड़ों के डर से लोग शमशान भूमि में जब तक पहरा देते रहते थे, जब तक मृतक का गंगा जी में क्रियाक्रम नहीं हो जाता, क्योंकि सेवड़े जादू टोनों से मरे हुए व्यक्ति को गुलाम बनाकर भूत के रूप में अपने पास रखते थे। इसलिए जनसाधारण सेवड़ों से डरकर रहती थी। मगर इस रहस्य को समझना बहुत कठिन है कि रानी रत्नावती का नाम सेंधा सेवड़ा के साथ किस रूप में जोड़ा गया और क्यों जोड़ा गया? इस तरह की कहानियों का क्या तात्पर्य था? इस कहानी ने रानी रत्नावती की छवि एक ऐसी आकर्शित रानी की बना दी जिसने अपनी सुन्दरता से सेन्धा सेवड़ा को पागल बना रखा था, जबकि रानी का व्यक्तित्व ठीक इसके विपरीत

था। यह तथ्य हमें अठारहवीं सदी के प्रारम्भिक वर्षों में लिखे गए श्री नाभादास जी के *श्री भक्तमाल* ग्रन्थ से मिलता है जिसमें रानी एक बहुत बड़ी वैष्णव सन्त के रूप में चित्रित की गई है। जिसमें कहा गया है कि रानी ने श्रीकृष्ण भक्ति की ध्वज को बहुत उपर उठाए हुए हैं। हालांकि उन्होंने यह भी लिखा है कि रानी की वैष्णव भक्ति और साधु सन्तों के साथ सत्संग से आमेर के शासक मानसिंह बहुत नाराज भी रहते थे। रानी रत्नावती मानसिंह के छोटा भाई माधोसिंह की पत्नी थी।

माधोसिंह ने रत्नावती को भक्ति के मार्ग से हटाने के लिए प्रताड़ित भी किया गया। मगर रानी ज़रा सी भी विचलित नहीं हुई, अपनी सच्ची श्रद्धा और लगन से भक्ति के मार्ग पर बढ़ती गई। अन्त में राजा मानसिंह और माधोसिंह ने रानी की वैष्णव भक्ति की शक्ति को स्वीकार कर लिया। हमारे पास रानी रत्नावती की छवि को समझने के लिए *भक्तमाल* के अतिरिक्त और कोई अन्य श्रोत नहीं हैं। इसलिए आम लोगों में कहानी किस्सों के आधार पर ही रानी की छवि की अवधारणा वैसी बनी हुई है। यू–ट्यूबर लोगों ने इसे और रोमांचित बनाकर पेश किया है।

रानी रत्नावती और सेन्धा सेवड़ा के संबंध में एक दूसरी कहानी इस प्रकार है। इसमें कहा गया है कि सेन्धा सेवड़ा का वास्तविक नाम संजोगी स्यामी था। वह सिन्ध प्रदेश का रहने वाला था। इसिलिए लोग उसे सेन्धा सेवड़ा के नाम से बुलाते थे। वह जादू–टोना व

तांत्रिक विद्या में माहिर था। माधोसिंह भी उनकी विद्या से प्रभावित थे, इसलिए सेन्धा सेवड़ा को भानगढ़ में बसाया गया था। माधोसिंह अपनी पत्नी रत्नावती से बहुत नाराज़ रहते थे। क्योंकि रानी ने अपने कुल की मर्यादा का सम्मान नहीं किया और न ही किसी की प्रवाह की। आमेर के राजघराने की शान–शौकत की ज़िंदगी त्यागकर वह भानगढ़ में बैरागी का जीवन व्यतीत करने लगी। अपना पूरा समय श्री कृष्ण भक्ति और साधु–संतों के साथ सत्संग में लगाती थी। रानी द्वारा इस प्रकार का जीवन व्यतीत करना माधोसिंह को पसंद नहीं था। माधोसिंह चाहता था कि सेन्धा सेवड़ा अपनी तांत्रिक विद्या की शक्ति से रानी को भक्ति के पागलपन से दूर करने में मदद करे। इसलिए सेवड़ा ऐसे अवसर की तालाश में रहता था जिससे वह रानी पर अपनी तांत्रिक विद्या इस्तेमाल कर सके। एक दिन सेवड़ा ने रानी की दासी को महल की तरफ जाते हुए देखा। सेवड़ा ने दासी से पूछा कि तुम्हारे हाथ में क्या है? दासी ने कहा कि उसके पास चमेली का तेल है। नहाने के बाद रानी तेल की मालिश करती है। अपने हाथ से छूकर सेवड़ा ने तेल को वापिस दासी को लौटा दिया। जब रानी ने तेल को अपने शरीर पर लगाया तब उन्हें महसूस हुआ कि तेल में कुछ गड़बड़ है या इसमें कुछ मिला हुआ है। शक होने पर रानी ने दासी से पूछा कि तेल को किसी ने छुआ है। दासी ने कहा कि तेल को सेवड़ा ने छुआ था। रानी

ने दासी को कहा इसे ले जाओ और बाहर पड़ी चट्टान पर डाल दो। दरअसल रानी को शक हुआ कि उसकी पवित्रता पर शक किया जा रहा है। यह कार्य उसके पति माधोसिंह के इशारे पर किया जा रहा है। क्योंकि सेवड़ा की इतनी हिम्मत नहीं हो सकती कि वह रानी को नीचा दिखाने के लिए उसके साथ ऐसी घटिया हरकत करे। दरअराल तेल में ऐसा कुछ मिला दिया गया होगा जिससे रानी के शरीर पर खुजली व त्वचा में जलन हो। जिससे रानी की भक्ति में विघ्न पड़ जाए। रानी द्वारा शिकायत करने पर सेवड़ा को गिरफ़्तार किया होगा और उसे मौत की सज़ा दी होगी। मरते समय सेवड़ा ने इस रहस्य से पर्दा उठा दिया, जिससे रानी अपने पति माधोसिंह से काफी नाराज़ हुई होगी। रानी ने क्रोध में कहा कि यहां का राज और यह किला जल्दी ही उजड़ जाएँगा। इसलिए भानगढ़ उजड़ गया और किले की शान–शौकत भी उजड़ गई, मगर भानगढ़ के लोगों का विश्वास है कि रानी रत्नावती फिर से जन्म लेगी और उजड़ा हुआ भानगढ़ फिर से आबाद होगा।

मगर भानगढ़ के विनाश से किसी के अभिशाप से कोई संबंध नहीं है। भानगढ़ को जयपुर के शासक सवाई जयसिंह द्वारा उजाड़ा गया था। भानगढ़ की तत्कालिक राजनैतिक परिस्थितियों से तंग आकर सवाई जयसिंह ने भानगढ़ को उजाड़ना ही उचित समझा। भानगढ़ आमेर शासकों का एक महत्वपूर्ण ठिकाना होता

था जिसकी सामरिक महता आमेर के लिए महत्वपूर्ण रही है। सन् 1714 के बाद भानगढ़ के शासक मोहम्मद कुलीच और मोहम्मद दहलीज़ बन गए थे। उसके बाद भानगढ़ आमेर से अलग एक स्वतंत्र जागीर बन गई थी। इससे पहले भानगढ़ की जागीर के वारिस आमेर के महाराजा की सहमति से बनते थे। मोहम्मद कुलीच और मोहम्मद दहलीज़ ने यह जागीर तत्कालीन भानगढ़ और अजबगढ़ के जागीरदार की हत्या करके प्राप्त की थी। एक तरह से यह आमेर के महाराजा सवाई जयसिंह को खुली चुनौति थी। सवाई जयसिंह इस घटना से हक्के बक्के रह गए थे, मगर वे लाचार भी थे क्योंकि मोहम्मद कुलीच और मोहम्मद दहलीज़ को मुग़ल राज्य सत्ता से संरक्षण मिला हुआ था, इसलिए वे लाचार होकर अवसर की इंतज़ार करने लगे। बहादुरशाह के शासनकाल (सन् 1707) से सवाई जयसिंह मुग़ल दरबार की राजनीति का शिकार हो रहे थे। मुग़ल बादशाह से मिलने वाली तनखाह जागीर का इलाका लगातार घटता जा रहा था। इससे कच्छवाह राजपूतों के रोज़गार प्रभावित हो रहे थे। मुग़ल दरबार की राजनीति में सैयद बन्धुओं (अब्दुला खां और हुसैन अली खां) का दबदबा बढ़ता जा रहा था। सैयद बन्धु सवाई जयसिंह के घोर विरोधी थे। मोहम्मद कुलीच और मोहम्मद दहलीज़ दोनों भाई सैयद बन्धुओं के ग्रुप के सदस्य थे। साथ–साथ भानगढ़ की वैष्णव धर्म की छवि को भी धक्का लगा। हालांकि मोहम्मद कुलीच

और मोहम्मद दहलीज़ ने वैष्णव मंदिरों को कोई नुकसान नहीं पहुँचाया और न ही भानगढ़ के परिसर में इस्लामिक गतिविधियों के लिए कोई मस्जिद या ईमारत बनवाई। मगर फिर भी भानगढ़ के मुस्लिम शासक होने के कारण वैष्णव मंदिरों में होने वाली पूजा अर्चना व धार्मिक गतिविधियाँ प्रभावित हुईं होंगी। सवाई जयसिंह के पास इंतज़ार करने के सिवाय और कोई रास्ता नहीं था। पिछले कुछ वर्षों से मुग़ल बादशाह की सत्ता को सैयद बन्धुओं ने नियंत्रित कर रखा था। नए मुग़ल बादशाह मोहम्मदशाह को यह स्वीकार नहीं था, इसलिए (4 नवम्बर 1720) में हसनपुर के स्थान पर मुग़ल सत्ता संघर्ष की एक निर्णायक लड़ाई हुई। इस लड़ाई में मोहम्मदशाह विजयी हुए। इस लड़ाई में सवाई जयसिंह ने मोहम्मदशाह के हक में लड़ाई लड़ी थी। इसलिए सवाई जयसिंह नए मुग़ल बादशाह के विश्वास पात्र लोगों में शुमार हो गए। इसके बाद मुग़ल राज्य सत्ता की राजनीति का भी समीकरण बदल गया। सवाई जयसिंह पूरे राजपूताना में सबसे ताकतवर राजपूत राजा हो गए। उन्होंने हसनपुर की लड़ाई के तुरन्त बाद भानगढ़ पर आक्रमण कर दिया जिसमें मोहम्मद कुलीच और मोहम्मद दहलीज़ मारे गए। सेना ने भानगढ़ को पूरी तरह से उजाड़ दिया। महाजन लोग भानगढ़ को छोड़कर चले गए। बाहर से आने वाले व्यापारियों ने आना बंद कर दिया। भानगढ़ में केवल कुछ पेशेवर जाति के परिवार बसे रहे। मगर सन् 1783 के दुर्भिक्ष में भानगढ़ पूरी तरह

से उजड़ गया था। गैर अभिलेखीय दस्तावेज़ों में लिखा है कि उजड़े हुए भानगढ़ के लोगों ने 18 गांव बसाए जो भानगढ़ के इर्द–गिर्द बसे हुए हैं।

सवाई जयसिंह के आदेश से भानगढ़ परिसर के तीन वैष्णव मंदिरों की मूर्तियों को आसपास के गांवों के मंदिरों में स्थापित कर दिया गया। इनमें दो गोपीनाथ जी और एक केश्वराय के मंदिरों की मूर्तियां थी और यह सन्देश दिया गया कि अब इन मंदिरों में पूजा–पाठ नहीं होगा। शायद भानगढ़ के वैष्णव मंदिरों के पुरोहितों ने सवाई जयसिंह को यह सलाह दी थी कि इन मंदिरों में अब पूजा अर्चना नहीं होगी। इसलिए मंदिर की मूर्तियों को कहीं दूसरी जगह स्थानांतरित कर दिया जाए। मगर दूसरी तरफ दूसरे मंदिरों में पूजा अर्चना चलती रही जैसे सोमेश्वर महाराज (शिवजी का मंदिर) की पूजा होती रही। महात्मा बावलनाथ और भोमिया की पूजा अभी भी भानगढ़ के परिसर में चलती रहती है।

मगर महत्वपूर्ण सवाल यह है कि सवाई जयसिंह द्वारा भानगढ़ के उजाड़ने का निर्णय क्यों लिया गया? इसका उत्तर ढूंढना अत्यंत कठिन है, मगर कुछ घटनाओं के आधार पर हम आंकलन कर सकते हैं। शायद भानगढ़ को सवाई जयसिंह एक अशुभ और कलंकित नगर के रूप में देखते थे। भानगढ़ के कारण माधोसिंह का वंश ही नष्ट हो गया था अर्थात् भानगढ़ की जागीर पाने के लिए माधोसिंह के वंशजों में इतनी प्रतिस्पर्धा और रंजिश बढ़ गई जिसके परिणामस्वरूप वह आपस में लड़कर मर गए। जब मोहम्मद

कुलीच और मोहम्मद दहलीज़ ने भानगढ़ की जागीर पर मुग़ल राज्य सत्ता की दखल से जबरन कब्ज़ा किया था तब इस घटना से सवाई जयसिंह के मान–मर्दन को काफी धक्का लगा था। इसलिए सवाई जयसिंह भानगढ़ को अशुभ मानते थे, जिसने आमेर के कच्छवाह राजवंश घराने में ईर्ष्या, द्वेष और दुश्मनी पैदा की। भानगढ़ की जागीर की लालसा में हरीसिंह के लड़कों ने ईस्लाम धर्म अपना लिया था जो मोहम्मद कुलीच और मोहम्मद दहलीज़ के नाम से जाने गए।

ऐसा लगता है कि सवाई जयसिंह रानी रत्नावती की वैष्णव भक्ति की विरासत के प्रति प्रोत्साहित नहीं थे। वे अगर चाहते तो भानगढ़ के आसपास रानी रत्नावती के नाम से एक भव्य वैष्णव मंदिर का निर्माण करवा सकते थे और उसमें भानगढ़ के सभी वैष्णव मंदिरों की मूर्तियों की स्थापना करवा सकते थे। मगर उन्होंने ऐसा नहीं किया। शायद वे नहीं चाहते थे कि इतिहास में इसकी चर्चा हो कि आमेर राजघराने की रानी साधु–सन्तों के साथ सत्संग करती थी, इसलिए भानगढ़ में रानी रत्नावती की वैष्णव धर्म की विरासत को इधर उधर के गांवों के छोटे–छोटे मंदिरों में स्थापित करने की क्या आवश्यकता थी? जबकि सवाई जयसिंह जयपुर में अनेक हिंदु धर्म से जुड़े हुए अनुष्ठानों का आयोजन करवा रहे थे। कर्नल टॉड का कहना है कि सवाई जयसिंह जयपुर को हिन्दु विद्या का शरण स्थल बनाना चाहते थे। इसके लिए उन्होंने अनेक विद्वानों व ब्राहमणों को जयपुर में आमंत्रित किया था।

भानगढ़ का उजड़ना कोई संयोग नहीं था, और न ही किसी अभिशाप का परिणाम था। भानगढ़ को उजाड़ने के पीछे सवाई जयसिंह का जो भी आंकलन रहा हो, मगर वह रानी रत्नावती की वैष्णव धर्म की विरासत को इतिहास के पन्नों से नहीं मिटा सके। आज भी लोग रानी रत्नावती की विरासत को भानगढ़ के खण्डहरों में गर्व से याद करते हैं।

5

भूत–प्रेतों की कहानियाँ

उजड़ी हुई वीरान जगह पर अन्धेरा होने के बाद वहाँ जाने में डर लगना स्वाभाविक बात है। विशेषकर ऐसे स्थानों पर जो पहले आबादी से भरपूर रहे हों और बाद में किन्हीं कारणों से उजड़ गए हों। ऐसे निर्जन स्थान लोकमानस में जल्दी ही भूत–प्रेतों के ठिकानों के रुप में आबाद हो जाते हैं। भानगढ़ उनमें से एक है, जिसकी छवि भूत–प्रेतों के आवास की डरावनी जगह के रूप में बना दी गई है। हिन्दुस्तान में ऐसी अनेक निर्जन जगहें हैं जो भूत–प्रेतों की कहानियों से जानी जाती हैं। जैसलमेर (राजस्थान) के पास कुलधरा गाँव की कहानी भी भूत–प्रेतों से जुड़ी हुई है। कुलधरा पालीवाल ब्राह्मणों द्वारा बसाया गया था, जो अठारहवीं सदी के उत्तरार्ध में उजड़ गया। कनिंघम ने अनेक भुतहा स्थानों की चर्चा की है। उनका कहना है कि भारत में दो तरह के भुतहा स्थान पाए जाते हैं।

1. उजड़े हुए निर्जन स्थान, और
2. ऐसे स्थान जहाँ पर लड़ाई में बहुत सारे लोग मारे गए हों।

निर्जन स्थानों में ज़्यादातर पुराने किले, बावड़ियां, कुएँ और उजड़ी हुई बस्तियां आती हैं। दूसरे तरह के स्थान लड़ाई के मैदान रहे हैं, जहाँ पर बहुत से लोग मारे गए थे। कनिंघम लिखते हैं कि पानीपत, खन्नवाह और चिलियांवाला में स्थानीय लोगों में वहाँ के भूत–प्रेतों की अनेक कहानियाँ प्रचलन में हैं। स्थानीय लोगों का मानना है कि आधी रात के बाद पानीपत और खन्नवाह में डरावनी, चीख भरी व रोने की आवाज़ें सुनाई देती हैं। अब्दुल कादिर बदायूँनी लिखते हैं कि एक बार देर रात वे पानीपत से गुज़र रहे थे, डर के मारे घबराकर वे जल्दी से यहाँ से निकल गए। वहाँ के स्थानीय लोगों ने उन्हें बताया कि आधी रात के बाद यहाँ पर दर्द भरी चीखें व रोने की आवाज़ें सुनाई देती हैं।

भानगढ़ भी एक ऐसी ही 'भुतहा' जगह है, जहाँ पहले फलता–फूलता एक आबाद शहर होता था और वहाँ पर लड़ाई में लोग भी मारे गए थे। भानगढ़ के सन्दर्भ में दोनों बातें लागू होती हैं। मगर भानगढ़ पर भूत प्रेतों की कहानियाँ वैसी नहीं हैं जैसी पानीपत और खानवा के बारे में मिलती हैं। यहाँ पर भूत–प्रेतों की डरावनी आवाज़ें भी नहीं सुनाई देती हैं। इसलिए यहाँ की भूत–प्रेतों की कहानियों को ऐतिहासिक सन्दर्भ में समझने की आवश्यकता है। भानगढ़ उजड़ने के बाद बची हुई सम्पत्ति को स्थानीय

लोगों द्वारा लूटने की होड़–सी लग गई थी। लोगों ने धन के लालच में भानगढ़ को खण्डहर में तबदील कर दिया था। यह सिलसिला बीसवीं सदी तक चलता रहा जब तक भारतीय पुरातत्व विभाग ने इसे अपने संरक्षण में नहीं ले लिया। इसलिए भानगढ़ की विरासत को बचाने के लिए भूत–प्रेत और जिन्न की डरावनी कहानियाँ प्रचलन गें आईं। ताकि लोग डरकर रात को भानगढ़ में न आएँ क्योंकि ज़्यादातर लोग रात को ही इमारतों की तोड़–फोड़ करने आते थे। वास्तव में भानगढ़ की बची हुई सम्पदा को बचाने के लिए भूत–प्रेतों की कहानियों को ही माध्यम बनाया गया और लोगों में डर और भय पैदा किया गया। इन कहानियों को तीन भागों में बांटा जा सकता है:

1. रात को तोड़–फोड़ करने वाले लोगों को रोकने के लिए
2. प्रेमी युवाओं को रोकने के लिए ताकि प्रेम प्रसंगों को बढावा न मिले।
3. भूत–प्रेतों को चुनौती देने वाले युवाओं के लिए

भूत–प्रेतों का सामना ऐसे लोगों से हुआ जो रात को किले की चारदिवारी में धन की लालच में मन्दिरों व दूसरी इमारतों की तोड़–फोड़ में लगे हुए थे या फिर देर रात तक वहाँ काम करते थे। एकान्त व उजड़ी हुई जगह होने के कारण भानगढ़ में अनेक लड़के–लड़कियां व प्रेमी जोड़े आने लगे। इसलिए उनको रोकने के लिए जिन्न की डरावनी कहानियाँ बनाई गई जिनमें यह बताया

गया कि जिन्न अविवाहित लड़कियों के पीछे पड़ जाता है, खासकर ऐसी लड़कियाँ जो खुले हुए बालों में तेल लगाकर आती हैं। जिन्न ज़िन्दगी भर उनका पीछा नहीं छोड़ता और उनकी ज़िन्दगी बरबाद कर देता है। चूँकि दिन में भूत–प्रेत दिखाई नहीं देते हैं इसलिए जिन्न की डरावनी कहानियाँ बनाकर युवा प्रेमियों को भानगढ़ की धार्मिक महत्ता व मान्यता को बनाएँ रखने के लिए उन्हें दूर रखने का प्रयास किया गया। हालाँकि भारत में अभिशप्त जगहों में कुंवारी लड़कियों से सम्बन्धित जिन्न की अनेक कहानियाँ प्रचलन में पाई जाती हैं। एक तरह से जिन्न की अवधारणा युवा प्रेमियों के दुश्मन या ईर्ष्या करने वाले के रूप में प्रदर्शित की गई है।

इनके अतिरिक्त भूत–प्रेतों की मुठभेड़ ऐसे युवाओं व विद्यार्थियों से होती बताई गई है जो भूतों को चुनौती देकर रात भर किले में उनको खोजते थे। ऐसे नौजवानों की संख्या बहुत होती थी जो किसी तरह के भूत–प्रेतों को नहीं मानते थे। भानगढ़ के रहस्य को बनाएँ रखने के लिए ऐसे नौजवानों को डराना भी ज़रूरी था। भानगढ़ को इस प्रकार रहस्यमय बनाने में भारतीय पुरातत्व विभाग के कर्मचारियों की भूमिका महत्वपूर्ण थी। जब एक बार इस प्रकार की डरावनी कहानियाँ प्रचलन में आ गई, फिर तो ऐसी नई–नई कहानियाँ हर रोज़ बनने लगीं। ऐसी कहानियों में स्थानीय लोगों की रुचि दिन–प्रतिदिन बढ़ने लगी। हालाँकि ऐसी कहानियाँ उन्हें भयभीत तो करती थीं मगर साथ–साथ उनकी नैतिक सम्पदा का भी हिस्सा

बन जाती थीं। ऐसी कहानियाँ गाँव के गली–मोहल्लों व चौपालों में आम चर्चा का विषय बनकर भानगढ़ को भूत प्रेतों की एक पुख्ता जगह बना दी। गाँवों में भी उजड़ी जगह भूत–प्रेतों की कहानियों से जुड़ी होती हैं।

पुराने लोगों से पूछताछ करने से पता चलता है कि इस प्रकार की मनगढंत डरावनी कहानियों के पीछे एक राज़ यह छिपा हुआ था कि ऐसे वीराने खण्डहर अक्सर जवान लड़के–लड़कियों के मिलने की जगह बन जाते हैं। इनमें ज़्यादातर प्रेमी जोड़े आते थे। इसलिए उनको रोकने के लिए इस प्रकार की डरावनी कहानियाँ बनाई गईं। धीरे–धीरे जिन्न की छवि डरावनी बन गई। साथ–साथ इस प्रकार की छवि भी बनाई गई कि जिन्न महाराज भूत–प्रेतों को नियंत्रित करते हैं, भूत–प्रेत उनकी आज्ञा का पालन करते हैं। इसलिए स्थानीय लोगों में, विशेषकर महिलाओं में जब कभी भूत–प्रेत की शिकायत होती है, तब वे भानगढ़ में आकर जिन्न महाराज का झाड़ा लगवाते हैं।

इसी तरह की एक कहानी बढ़ई और कामगारों से सम्बन्धित बताई गई है। जिसमें दो बढ़ई देर रात तक भानगढ़ के किले में काम कर रहे थे। जब वे काम करके लौट रहे थे तब वहाँ पर एक इमारत में कुछ लोग दिखाई दिए। उन्होंने सोचा कि वहाँ जाकर देखते हैं, कौन हैं ये लोग? और वे वहाँ जाकर पीछे बैठ गए। थोड़ी देर बाद वहाँ एक औरत उन लोगों को संबोधित करने के लिए आई। अपना संबोधन शुरू करने से पहले वह बोली कि पीछे बैठे दो नए लोग कौन हैं? खड़े हो जाओ। वे

दोनों व्यक्ति खड़े हो गए। औरत ने उनसे कहा कि तुम यहाँ क्यों आए हो? तुरन्त यहाँ से निकल जाओ, नहीं तो अंजाम अच्छा नहीं होगा। उस औरत ने उनको यह भी कहा कि आप लोग हमारी इस मीटिंग के बारे में किसी को नहीं बताना। यदि ऐसा किया, तब आप लोग ज़िन्दा नहीं बचेंगे। थोड़े दिन बाद उनमें से एक व्यक्ति की अचानक मृत्यु हो गई, क्योंकि उसने वह बात अपने किसी मित्र को बता दी थी।

यह कहानी सम्भवतः रानी रत्नावती से जोड़ी गई है। रानी रत्नावती वहाँ पर सन्तशाला में साधु–संतों को सम्बोधित करने आती थी। उनके बारे में लोगों का मानना है कि रत्नावती की आत्मा किले के आसपास श्री कृष्ण की भक्ति के प्रति समर्पित भाव से लीन रहती है। इसी तरह की एक और कहानी बताई गई है जिसमें रात को दो व्यक्ति वहाँ पर खज़ाना खोदने के लिए आए थे। वे लोग देर रात तक मंगला मुखी मंदिर की चौकी खोदते रहे। अचानक वहाँ पर जिन्न आए और उनसे कहा कि भाग जाओ यहाँ से वरना मारे जाओगे। दोनों डर के मारे अपने औज़ार वहीं छोड़कर भाग गए। धन की चाहत में वहाँ के लोगों ने मंदिरों को नीचे तक खोद दिया था। मंगला मुखी के मंदिर की चौकी इसी तरह धन की लालच में खोद डाली गई थी जिसको बाद में ठीक किया गया था। कुछ लोगों का मानना है कि भूत उन लोगों को चेतावनी देने के लिए दिखाई देते हैं जो धन की लालच में ईमारतों में तोड़–फोड़ करने के लिए आते

थे, या फिर जो लोग भूत–प्रेतों को चेतावनी देकर रात को किले की चारदिवारी में घुस आते थे इसी तरह से वहाँ पर लोगों ने बताया कि एक बार एक ब्राहमण और नाई कहीं से आ रहे थे अंधेरा हो गया था इसलिए रात गुज़ारने के लिए दोनों भानगढ़ में रुक गए। खण्डहर के अन्दर वे घूमते रहे। अचानक वहाँ पर एक आदमी आया और उसने उन्हें अन्दर आने का कारण पूछा। उन्होंने बताया कि वे अन्दर रात गुज़ारने के लिए आए हैं। मगर साथ–साथ वे यहाँ पर भूत–प्रेत भी देखना चाहते हैं। उस आदमी ने कहा कि तुरन्त चले जाओ यहाँ से नहीं तो मारे जाओगे। उसके बाद वह आदमी वहाँ से गायब हो गया। वह ढूंढने से भी नहीं दिखाई दिया। ब्राहमण और नाई घबराकर बाहर आ गए और थोड़ी देर में ही दोनों की हालत काफी खराब हो गई। चौकीदार ने उन दोनों को बुरी हालत में बाहर पड़े हुए देखा।

कुछ वर्ष पहले कॉलेज में पढ़ने वाले तृतीय वर्ष के चार विद्यार्थी भानगढ़ घूमने के लिए आए थे। वे चारों भूत–प्रेतों को देखने की जिज्ञासा से गए थे, इसलिए वे सांय 6 बजे तक भानगढ़ के किले में घूमते रहे। 6 बजे के बाद किले का दरवाज़ा पर्यटकों के लिए बन्द कर दिया जाता है। चारों विद्यार्थी भूत–प्रेत देखने के चक्कर में रातभर किले में ही रहना चाहते थे। इसलिए वे किले का गेट बन्द होने के बाद पीछे से पहाड़ के रास्ते से किले में घुस गए। रात भर वे किले में घूमते रहे। उनका कहना था कि कुछ डरावनी आवाज़ें व पेड़ों में दूर से

कुछ आकृतियां दिखाई दीं, मगर उनका भूतों से कोई आमना–सामना नहीं हुआ। अगले दिन उनमें से एक लड़का गम्भीर रूप से बीमार पड़ गया और उसकी अगले दो–तीन दिनों में मृत्यु हो गई। सभी को अपने दोस्त को खोने का गम सता रहा था। मगर उनका कहना था कि भानगढ़ के किले में उनके साथ ऐसी कोई घटना नहीं हुई जिससे उनका मित्र आहत हुआ हो। फिर भी वे बहुत पश्चाताप कर रहे थे कि उन्हें रात को भानगढ़ के किले में इस तरह नहीं घूमना चाहिए था। उनके दिल में कहीं न कहीं यह बात सता रही थी कि उनके दोस्त की मृत्यु ज़रूर किसी प्रेतात्मा के आघात के कारण हुई है। बाद में पता चला कि वह पिछले साल भर से अवसाद की बिमारी से ग्रस्त था और वह इसका ईलाज भी करवा रहा था। फिर भी उसकी मौत का कारण भूत–प्रेतों को ही माना गया था, जिनको उन्होंने चुनौती समझकर इस कार्य को अंजाम दिया था। ऐसे ही एक बार दूरदर्शन की एक टीम भानगढ़ के भूत–प्रेतों के रहस्य को जानने के लिए आई थी। देर रात तक वे अलग–अलग जगह की तस्वीरें खींचते रहे। अगले दिन जब वे इन तस्वीरों की छानबीन कर रहे थे तब उनमें कुछ अवांछनीय और अजीबोगरीब तरह की तस्वीरें शामिल थीं। वे सभी ऐसी तस्वीरों को देखकर हैरान थे।

भानगढ़ की पहाड़ियों में पेड़–पौधे और घास की बहुतायत होने के कारण भेड़–बकरी चराने वाले अक्सर अपने मवेशियों को इन पहाड़ियों पर लाते हैं। हमने उनसे

भी भानगढ़ के भूत–प्रेतों की जांच–पड़ताल की। उनका कहना था कि वे दिनभर भेड़–बकरियों को यहाँ चराते हैं और अन्धेरा होने से पहले ही वे अपने घर लौट जाते हैं इसलिए उनका कभी भूत–प्रेतों से आमना–सामना नहीं हुआ। मगर वे जिन्न महाराज से डरते हैं। यदि गलती से कोई भेड़ या बकरी भानगढ़ के परकोटे में चली जाए तब उसको लाने के लिए हम लड़की को नहीं भेजते क्योंकि जिन्न कहीं लड़की के पीछे न पड़ जाए इसलिए लड़का ही भेड़–बकरी खोजकर लाता है। स्थानीय लोगों का मानना है कि भूत–प्रेतों के आघात से बचने के लिए जिन्न महाराज को खुश रखना ज़रूरी है इसलिए जिन्न महाराज के नाम से लोग सवा मनी कढाई का भोग भानगढ़ में लगाने आते थे।

स्थानीय लोगों में सबसे पुख्ता अवधारणा है कि भानगढ़ का विनाश सेवड़ा के अभिशाप के कारण हुआ था। लोगों का मानना है कि मरते समय सेवड़ा ने अपने कब्ज़े से सभी भूत–प्रेतों को मुक्त कर दिया था। वे सभी भूत–प्रेत रात को भानगढ़ के परिसर में दिखाई देते हैं।

पहाड़ियों की तलहटी में उजड़ा हुआ भानगढ़ कस्बा और किले का परकोटा अंधेरा होते ही डरावनी शक्ल में बदल जाता है जो वहाँ भूत–प्रेतों का होने का एहसास कराता है। कभी–कभी रात को तेज़ हवा में पहाड़ियों से टकराकर वहाँ की शून्यता डरावनी आवाज़ में बदल जाती है। स्थानीय लोगों का मानना है कि भानगढ़ किले में अभी भी रानी रत्नावती की आत्मा निवास करती है। देर रात को

तीतरवाड़ा (रानी रत्नावती का पैतृक गाँव) से एक जलती हुई दीपक की लौ किले में आती है। लोगों का मानना है कि रत्नावती फिर से जन्म लेगी और भानगढ़ शहर फिर से आबाद होगा। मध्यकालीन राजस्थानी दस्तावेज़ों से पता चलता है कि भानगढ़ के आसपास की पहाड़ियों में सबसे ज़्यादा लोहा और तांबा पाया जाता था। ब्रिटिश अधिकारी Powlett का कहना है कि इस इलाके मे पुरानी भट्टियों के अवशेष मिलते हैं जिनमे कच्चा लोहा व तांबा तैयार किया जाता था। भानगढ़ के पास एक पहाड़ी है जिसे तामडी की राड़ी कहते है। इस पहाड़ी में तांबे की खान होती थी। छतरसिंह के शासनकाल में इसे बन्द कर दिया गया था। इसी के पास एक और खान खोदी गई थी जिसे चांदी की खान कहते थे। पूरे इलाके में अफ़वाह फैल गई कि इस खान में चांदी निकलती है। चांदी की चाहत मे लोगों ने खान को इतना गहरा खोद डाला कि अचानक खान धस गई जिसमें दब कर काफी लोग मर गए। यह घटना छतरसिंह के शासनकाल की मानी जाती है। इस घटना से स्थानीय लोगों में आम धारना बन गई थी कि भानगढ़ के आसपास के इलाके मे मरे हुए लोगों की आवाज़ें सुनाई देती हैं और उनकी आत्मायें भूत प्रेतों के रुप में दिखाई देती हैं। इसी तरह से भानगढ़ मे जयपुर की फौज से भी बहुत से लोग मारे गए थे। मोहम्मद कुलीच और मोहम्मद दहलीज़ के साथ उनकी सेना के अनेक सैनिक मारे गए थे। कुछ सैनिक जयपुर की सेना के भी मारे गए थे। इनके इलावा भी भानगढ़

में लूटमार व आगजनी के दौरान लोग मारे गए थे। इन लोगों की आत्मायें भूत–प्रेतों के रूप में भानगढ़ के परिसर में भटकती रहती है, ऐसा लोगों का मानना है कि भानगढ़ में रात होने के बाद मरे हुए सैनिकों की आत्मायें भूत प्रेत के रूप में भटकती रहती है।

वीरान या उजाड़ जगहों को राजस्थानी भाषा में रणोई भी कहते हैं। रणोई रणभूमि के उस क्षेत्र को कहते हैं जो वीरान पड़ी होती है। ऐसे क्षेत्र के बारे में स्थानीय लोगों में भूत–प्रेतों से सम्बन्धित अनेक कहानियाँ प्रचलित हो जाती हैं। लोगों को रात को ऐसी जगह से गुज़रते हुए डर लगता है। लोगों का मानना है कि देर रात में रणोई के इलाके से डरावनी आवाज़ें सुनाई देती हैं। मरे हुए लोगों की आत्मायें भटकती रहती हैं जो भूत–प्रेतों के रूप में दिखाई देती हैं।

राजस्थान में भूत–प्रेतों की कहानियों के अलग–अलग रूप मिलते हैं। ज़्यादातर कहानियों में भूत–प्रेत किसी उद्देश्य के लिए बनाए गए हैं। इसी तरह की कहानी हमने सुनी थी, जिसकी चर्चा करना यहाँ आवश्यक है। कनकटा भूत की कहानी हमने सर्वे के दौरान एक वृद्ध नाई से सुनी थी। पहले कृषक समाज में नाई की भूमिका बहुत महत्वपूर्ण होती थी सगाई से विवाह तक अनेक कार्य नाई के माध्यम से होते थे। इसलिए पहले नाई दूरदराज़ की खबरें जानने का माध्यम होता था। एक वृद्ध नाई ने हमें एक कनकटे भूत की कहानी सुनाई। एक गाँव में एक जाट परिवार रहता था जो सबसे ज़्यादा अनाज पैदा करता

था। जाट का बड़ा बेटा बड़ा कमेरा था। दो आदमियों के बराबर अकेला काम करता था। उसकी शादी उसके गाँव से 8–10 किलोमीटर दूर के गाँव में हुई थी। एक दिन उसे अपनी पत्नी को लेने ससुराल जाना था। मगर वह दिन में अपने खेत का काम छोड़ना नहीं चाहता था इसलिए उसने शाम को ससुराल जाने का फ़ैसला किया। शाम को वह नहा धोकर सिर पर चद्दर और हाथ में लाठी लेकर निकला। जिस रास्ते से वह जा रहा था उस पर एक जोहड़ (तालाब) पड़ता था, जहाँ पर कालीया भूत रहता था। इसलिए लोगों ने उसे उस रास्ते से जाने को मना किया क्योंकि कालीये भूत के डर से लोगों ने अंधेरा होने के बाद उस रास्ते से आना–जाना बंद कर दिया था। मगर जाट का लड़का जल्दी में था उसने सोचा यदि वह दूसरे रास्ते से जाएगा तब ससुराल पहुंचने में देर हो जाएँगी इसिलिए वह अपनी लाठी लेकर जोहड़ के रास्ते से ही निकल पड़ा। जैसे वह तालाब के अन्दर से गुज़र रहा था अचानक एक काली डरावनी शक्ल का भूत उसके सामने रास्ता रोककर खड़ा हो गया। पहले उसने जाट के लड़के को डराने की कोशिश की मगर भूत ने देखा कि जाट का लड़का चलता ही आ रहा है, फिर भूत ने उस पर तेज़ धार के हथियार से हमला किया। जाट के लड़के ने अपने को बचाते हुए भूत को ज़ोर से लाठी मारी। लाठी लगते ही भूत ज़ोर से चिल्लाया। जब तक भूत के आदमी उसे बचाने आते जाट ने भूत के हाथ–पैर अपनी चद्दर से बांध दिए और उसे अपने लठ में लटका

कर अपने गाँव ले गया। जैसे ही गाँव नजदीक आया उसने भूत को चद्दर से खोल दिया। खुलते ही भूत तेजी से भागा। जाट का लड़का दौड़ने में भी माहिर था। उसने भूत को पकड़ लिया और दोनों हाथों से भूत के कान पकड़ लिए और ज़ोर से झटका मारा जिससे भूत के दोनों कान कट गए। फिर उसको पकड़कर अपने पशुओं के बाड़े में एक पेड़ के साथ बांध दिया। सुबह पूरे गाँव में यह खबर फैल गई कि जाट ने जोहड़ के काले भूत को पकड़कर पेड़ के साथ बांध दिया है। पूरा गाँव भूत को देखने आया। मगर भूत के दोनों कान कटे देखकर लोग हैरान थे। मार खाने के बाद भूत ने बताया कि वह चोर है। वह और उसके साथी मिलकर कपास की चोरी करते हैं। जोहड़ के आसपास के इलाके में कपास बहुत होती थी इसलिए लोगों को डराने और भयभीत करने के लिए एक आदमी भूत की शक्ल बनाकर जोहड़ के आसपास रहता था। अंधेरा होने के बाद कोई भी व्यक्ति उस रास्ते से गुज़रता था तो उसका मुकाबला भूत से होता था और उसको इतना भयभीत कर दिया जाता था कि अंधेरा होने के बाद कोई भी व्यक्ति जोहड़ के इलाके में जाने की हिम्मत नहीं कर सकता था। चोर अपना काम करते रहते थे। गाँव की पंचायत ने चोर को दो महीने के लिए मुफ़्त में जाट के खेत में काम करने की सज़ा दी। गाँव के लोग उसे कनकटा भूत के नाम से संबोधित करने लगे।

ऐसी ही एक कहानी की चर्चा मुहणोत नैयनसी ने ख्यात में की है। यह कहानी *सिखरा ईन्दा पड़ियार की*

बात के नाम से लिखी गई है। यह कहानी पड़िहार शाखा के भाट खंगार द्वारा भेजी गई थी जिसे मुहणोत नैयनसी ने अपने ख्यात में चर्चा की है। कहानी इस प्रकार है कि जैसलमेर में सोढ़े राजपूतों में कोटचों की शाखा है। वहाँ पर कोटचे राजपूतों के अनेक गाँव हैं। एक गाँव में कोटचे राजपूत ने अपनी बड़ी बेटी की शादी एक मोहिल पड़िहार राजपूत से की थी। शादी के बाद जब बारात लौट रही थी, रास्ते में एक तालाब के पास विश्राम किया। सुबह का समय था। बारातियों को कहा गया कि पहले वे तालाब में स्नान कर लें फिर वे नाश्ता करेंगे। जब बाराती नहा रहे थे, तब दुल्हन ने दासी को कहा कि बड़ी भूख लगी हुई है, कुछ खाने को दे दे। दासी ने कहा कि एक हांडी में बकरे का गोश्त रखा हुआ है। दुल्हन ने कहा कि ले आओ। जब तक बारात के लोग नहाकर आए तब तक दुल्हन ने नाश्ता कर लिया था। बारात के लोगों ने दासी को कहा कि वह बकरे के गोश्त की हांडी ले आए और सभी को नाश्ता करा दे। दासी ने कहा कि गोश्त खत्म हो गया है। पूछा कि नाश्ता किए बिना गोश्त कैसे खत्म हो गया? दासी ने कहा कि हांडी का सारा गोश्त दुल्हन ने खा लिया। बारात नाश्ता किए बगैर अपने गाँव आ गई। आते ही पड़िहार राजपूतों ने कोटचे को संदेश भिजवाया कि वह अपनी लड़की को ले जाएँ क्योंकि हम उसका पेट नहीं भर सकते। यह खबर जब मेहवे के राव मल्लिनाथजी ने सुनी तो बड़ा आश्चर्य किया कि खाने की बात को

लेकर मोहिल पड़िहारों ने विवाहिता को छोड़ दिया। राव कहने लगे ऐसी औरतों से पैदा होने वाली संतान बहुत बहादुर और बलवान होती है जो शेरों और भूतों से लड़ सकती है। वहीं पर चाकर बेहलने का राणा ईन्दा बैठा हुआ था। उसने राव को कहा कि वह उस लड़की को अपनी पत्नी के रूप में अपने घर लाना चाहता है। इस तरह से उस लड़की की शादी बेहलवे के राणा ईन्दा से हो गई। उसने सात पुत्रों को जन्म दिया जिनमें सिखरा सबसे बड़ा था। सिखरा बड़ा होकर पहलवान कहलाया और बड़ा नाम कमाया।

एक दिन मेहवे के राव जगमाल (मल्लीनाथ का पुत्र) ने उसके साहस और शूरवीरता की परीक्षा लेनी चाही। सिखरा को बुलाकर कहा कि एक तालाब पर एक भयानक भूत रहता है उसका मुकाबला करने रात को जाना है। उस भूत ने आसपास के लोगों को भयभीत कर रखा है। कोई भी व्यक्ति अंधेरा होने के बाद तालाब की तरफ जाने की हिम्मत नहीं जुटा पाता। तुम बहादुर हो, साहसी व निडर हो इसलिए उस भूत का मुकाबला करने के लिए आज रात को जाओ और वहाँ पर तुम्हारे खाने के लिए बकरे का गोश्त का बंदोबस्त कर दिया गया है। रात को एक पेड़ के नीचे बैठे रहना और बकरे के गोश्त को आग में भूनकर खाते रहना। सिखरा अंधेरा होते ही तालाब पर चला गया और अपना घोड़ा वहीं पर पेड़ के साथ बांध दिया। सिखरा थका हुआ था इसलिए तालाब में नहाने लगा। नहाते समय उसने देखा कि वह भूत भैंसा बनकर

पानी में उसकी तरफ आ रहा है। सिखरा नहाकर पेड़ के नीचे बैठकर बकरे का भुना हुआ गोश्त खाने लगा। इतनी देर में भूत एक डरावनी शक्ल बनाकर आया और वह सिखरा को ललकारने लगा। सिखरा ने उस भूत को अपने पास बुलाया और भूत को कहा कि वह भी भुना हुआ गोश्त खाएँ। थोड़ी देर बाद दो भूत वहाँ पर और आ गए, उनको भी सिखरा ने भुना हुआ गोश्त खिलाया। जब बकरे का गोश्त खत्म हो गया तब सिखरा उठा और तलवार लेकर घोड़े पर बैठ गया और भूतों को ललकारने लगा। तीनों भूत अदृश्य हो गए। थोड़ी देर में वो भूत एक हाथी बनकर सिखरा की तरफ दौड़ा आया। सिखरा ने हाथी के सूंड को तलवार से काट डाला जिससे हाथी चिल्लाकर भाग खड़ा हुआ। हाथी को बचाने दो भूत आए उनको भी सिखरा ने तलवार से घायल कर दिया। अंत में सभी भूत हाथ जोड़ कर खड़े हो गए। सिखरा को कहने लगे कि वे सभी राव जगमाल के सैनिक हैं जो भूत बनकर तुम्हे डराने की कोशिश कर रहे थे। राव जगमाल तुम्हारे साहस और बल का इम्तिहान ले रहा था।

भूतों की कहानियां अजीबोगरीब होती हैं। मगर आज भी ग्रामीण समाज में लोग भूतों की कहानियाँ बड़े चाव से सुनाते हैं। सोलहवीं सदी में गाँव का उजड़ना एक आम बात होती थी। वर्षा न होने के कारण लम्बे समय तक अकाल पड़ते रहते थे। रोटी की खोज में लोग गाँव छोड़कर कहीं दूसरी जगह चले जाते थे। ऐसी ही परिस्थितियों में हनुमानगढ़ के इलाके में केलनियाँ गाँव

के लोग अकाल के दिनों में गांव खाली करके पंजाब की तरफ चले गए। उनके साथ केलनियां नामक भूत भी गया था। केलनियां नाम का जाट खेत में ओड्डो (घुम्मकड़ जाति) के साथ लड़ता हुआ मारा गया था जो बाद में भूत बनकर उस गांव में रहता था। भूत गांव वालों की बहुत मदद करता था विशेषकर असहाय लोगों की। अकाल के वक्त जब पूरा गांव खाली होकर पंजाब जा रहा था, तब भूत ने गांव वाले से गुहार लगाई कि उन्हें भी अपने साथ ले चले। भूत ने उन्हें विश्वास दिलाया कि वह गांव वालों की वहां भी मदद करेगा। भूत ने उन्हें कहा कि वह वहां पंजाब के लोगों को तंग करेगा। आप लोग उनसे भूत से छुटकारा पाने के लिए रुपयों की मांग करना। रुपये मिलने के बाद ही उनको मुक्त किया जाएगा। इस तरह से आप लोगों की अच्छी कमाई होती रहेगी। भूत की बात सुनकर गांव वाले भूत को अपने साथ पंजाब ले गए। वहां पर भूत हर रोज़ किसी न किसी को पकड़ लेता और उसे परेशान करता, पैसे देने के बाद ही वह उसका पीछा छोड़ता। इस तरह से गांव वालों ने भूत के कारण खूब रुपया कमाया। कुछ वर्षों बाद जब गांव वाले वापिस अपने गांव लौट रहे थे, तब भूत ने उन्हें अपने साथ गांव ले चलने की बात कही और साथ में यह भी कहा कि अब मैं भूत की ज़िन्दगी से मुक्त हूँ, इसलिए गांव पहुंचने के बाद मुझे गंगा जी में बहा देना, जिससे मेरी मुक्ति हो जाए। गांव के लोग रात को एक सराय मे ठहर गए और उन्होंने भूत को एक मटके में बन्द करके

उस पर ढक्कन लगा दिया और भूत को आराम करने के लिए कहा। सुबह होने पर गांव वालों ने सोचा भूत को उठाएँ ले चलने में मुसीबत है। कौन इसको गंगा जी लेकर जाएगा? इसलिए गांव वालों ने भूत मटके के साथ वहीं पर ज़मीन में दफ़ना दिया। इससे भूत गाँव वालों पर बहुत क्रोधित हुआ और उन्हें अभिशाप दिया कि जिस प्रकार तुम लोगों ने मुझे दफ़नाया है, उसी प्रकार तुम्हारा गाँव भी ज़मीन में धस जाएगा। तब से केलनियाँ गाँव नष्ट हो गया। अब उस गाँव की जगह पर थेड़ बनी हुई है।

भूतों के कारण भानगढ़ को दुनियां की सबसे डरावनी जगहों में शुमार कर लिया गया है। अब भानगढ़ के भूत प्रयटकों के लिए आकर्षण का केन्द्र बने हुए हैं। भूतों के कारण भानगढ़ एक महत्त्वपूर्ण प्रयटक स्थल बन गया है। विदेशी प्रयटक भी भूतों के रहस्य को जानने के लिए भानगढ़ चले आते हैं। इसलिए प्रयटकों की रुचि भानगढ़ के इतिहास को जानने में नहीं है, जितनी कि भूत–प्रेतों के रहस्य को जानने में होती है।

6

सारांश

पुस्तक में भानगढ़ कस्बे के बसाहट से उजड़ने तक की कहानी का एतिहासिक संदर्भ में विश्लेषण किया गया है। भानगढ़ सरिस्का के अंतिम छोर पर बसा हुआ था। मध्यकाल में यह अलवर सरकार और परगना गाज़ी का थाणा में आता था। भानगढ़ सोलहवीं सदी के उत्तरार्ध में अरावली पहाड़ियों की वादियों में बसाया गया था। सरिस्का के जल, जंगल और वन्यजीवों ने आमेर के कच्छवाह शासकों को अपनी ओर आकर्षित किया हुआ था। नज़दीक होने के कारण आमेर के शासक सरिस्का में शिकार के लिए अकसर आते रहते थे। गैर अभिलेखीय दस्तावेज़ों के अनुसार आमेर के कच्छवाह शासक भगवन्तदास ने सोलहवीं सदी के उत्तरार्ध में भानगढ़ कस्बे की स्थापना की थी।

पूर्वी राजस्थान में आमेर राज्य के राजनैतिक और आर्थिक हितों को ध्यान में रखते हुए भानगढ़ की स्थापना की गई थी। भानगढ़ की पहचान माधोसिंह

(भगवन्तदास का छोटा बेटा) से जुड़ी हुई थी, इसलिए भानगढ़ के शासक (जागीरदार) भी माधोसिंह के वंशज ही बनते रहे। भानगढ़ का प्राकृतिक वातावरण, जिसमें पहाड़, जल, जंगल और जंगली जानवर, अपनी पहचान से आकर्षण का केन्द्र रहें हैं। यहाँ के पहाड़ व जंगल बड़गूज्जर राजाओं के साक्षी हैं जिन्होंने शैव मत की धार्मिक संस्कृति को विकसित किया, जिससे यह इलाका नाथपंथ की विचारधारा को आकर्षित करता रहा है। इसलिए यह इलाका पूर्व मध्यकाल से ही बड़गूज्जर राजपूतों के वर्चस्व में रहा है, जिनके संरक्षण में मीणा व गूज्जर जनजातियाँ अपनी विशिष्ट संस्कृति में फलती–फूलती रही हैं। भानगढ़ की स्थापना के बाद इस इलाके में व्यापारिक गतिविधियाँ तेज़ी से बढ़ने लगी, और भानगढ़ जल्दी ही एक वाणिज्यिक केन्द्र के रूप में विकसित हो गया। आगरा और ब्रज प्रदेश से सांभर की और जाने वाले बंजारों के कारवां भानगढ़ से सरिस्का के रास्ते से होकर गुज़रते थे।

सत्रहवीं सदी में भानगढ़ अनेक व्यापारिक मार्गो से जुड़ा हुआ था। जमाबन्दी दस्तावेज़ों से प्राप्त जानकारी से पता चलता है कि यहां के व्यापारी व महाजन अपने–अपने पेशे और आर्थिक स्थिति के अनुसार बसे हुए थे। उनके आपसी झगड़े सुलझाने के लिए 'पंच महाजन' नामक संस्था होती थी। फिर भी महाजन लोग अपनी–अपनी जातीय व क्षेत्रीय पहचानों में बंटे हुए थे। इनके अलावा भानगढ़ में बड़ी तादाद में पेशेवर जाति के

लोग रहते थे, जिनकी दुकानें बाजार के पिछले हिस्से में बनी होती थी। इनकी पहचान अलग–अलग व्यवसायों से जुड़ी हुई थी। भानगढ़ की पहाड़ियों से प्रचुर मात्रा में लोहा तैयार किया जाता था, जिसको भानगढ़ लाया जाता था। भानगढ़ में लुहारों का एक अलग बाज़ार होता था। ज़्यादातर लुहार मुस्लिम समुदाय से होते थे। इनमें से कुछ लुहार दूर–दूर तक ख्याति पाए हुए थे। उनके द्वारा बनाई गई बन्दूकें (जिन्हें लोकल भाषा में रामचंगी कहते थे) और छोटी तोप (जिसे रहकला कहते थे) आमेर भेजी जाती थी। सत्रहवीं सदी के उत्तरार्ध में इन हथियारों की बड़ी मांग थी। अब लड़ाईयाँ तलवारों की बजाय बन्दुकों पर ज़्यादा निर्भर करने लगी। इसलिए इस समय में लुहारों की महत्ता भी बहुत बढ़ गई थी। पेशेवर लोगों में कुछ परिवार बलोच भी होते थे जो अफ़गान जाति के मुस्लिम समुदाय से संबंधित थे। इन लोगों के पास ऊंट होते थे। जब भी आमेर खज़ाना रोकड़ी भेजना होता था, बलोच लोग अपने ऊंटो पर लादकर ले जाते थे। ये लोग खतरों का सामना करने के लिए बन्दूक रखते थे। इस तरह से भानगढ़ के वाणिज्यिक जीवन को सुचारू रूप से बनाए रखने में पेशेवर जाति के लोगों की भी बड़ी भूमिका होती थी।

व्यापारिक महता को समझते हुए आमेर शासकों ने भानगढ़ को प्रशासनिक दृष्टिकोण से अलग से परगने का मुख्यालय बनाया गया, जिससे थाणा गाज़ी परगने से 52 गांवों को निकालकर बनाया गया था। भानगढ़

के वाणिज्यिक ढ़ांचे की गतिविधियों को सुचारू रूप से चलाने के लिए राज्य द्वारा अनेक सरकारी अधिकारियों की नियुक्ति की गई। इनमें सबसे बड़े अधिकारी आमील, फौजदार और आमीन होते थे। कानून–व्यवस्था को ध्यान में रखते हुए भानगढ़ में पांच थानेदार नियुक्ति किए गए। जैसे शहर का, देहात का, किले का, खज़ाने का और बागों के थानेदारों की नियुक्ति की गई। मन्दिरों के रखरखाव के लिए पुजारियों की नियुक्ति की गई। इन सभी अधिकारियों को देखने से पता चलता है कि व्यापारियों की और उनके माल की सुरक्षा पर राज्य की विशेष नज़रें होती थी। इस तरह से भानगढ़ की प्रतिष्ठा एक व्यापारिक केन्द्र के रूप में काफी बढ़ गई थी।

भानगढ़ का किला रानी रत्नावती के महल से भी जाना जाता था। रानी रत्नावती माधोसिंह की पत्नी थी, जिन्होंने मीराबाई की भांति एक वैष्णव सन्त का जीवन जीया। रत्नावती श्री कृष्ण के प्रति पूरी तरह समप्रित थी। रानी रत्नावती ने राजमहल के सुख सम्पन्न जीवन का परित्याग करके साधु–सन्तों के संग सत्संग को अपना लिया था। शाही कुल की मान–मर्यादा व लोक–लज्जा की परवाह न करके वह मोडी बन कर वैरागी हो गई। यह खबर पूरे शहर में आग की तरह फैल गई और रानी को देखने के लिए भीड़ उमड़ पड़ी। इन सभी बातों ने आमेर के महल में शासक वर्ग की बेचैनी बढ़ा दी। शासक वर्ग के लिए रानी रत्नावती की जीवन शैली और उनका व्यवहार राजपूत शासक वर्ग की मान–मर्यादा

व सामाजिक मूल्यों के विपरीत कदम था। रानी को रोकने के सभी उपाय किए गए। वह मीराबाई की भांति प्रताड़ित भी की गई। मगर रानी ज़रा भी विचलित नहीं हुई और श्री कृष्ण भक्ति के रस में डूबती चली गई। आमेर के शासक महाराजा मानसिंह रानी के आचरण से बेचैन होकर रानी को भानगढ़ में बसाने का फैसला किया। किले की ऊपरी मंज़िल पर रानी का आवास बनाया गया, उसी महल में एक छोटा सा गोपीनाथ का मंदिर भी बनवाया गया। इस तरह से रानी रत्नावती भानगढ़ में विराजमान हो गई। जहां पर वह आजीवन रही और अपनी भक्ति की महिमा से दूर–दूर विख्यात हो गई। वहीं पर किले के नीचे के परिसर में गोपीनाथ के पास एक सन्तशाला बनवाई गई, जहां पर बैठकर रानी संतों के बीच सत्संग का आनन्द लेती थी। ब्रज प्रदेश नज़दीक होने के कारण वहां से वैष्णव साधु–संतों का भानगढ़ में आवागमन लगा रहता था। साधु–संतों के विश्राम के लिए बाज़ार के पीछे एक आवास बनाया गया, जिसे 'मोडों की हवेली' के नाम से जाना जाता था। भक्तमाल की टीका में प्रियादास जी कहते हैं कि रानी रत्नावती का भगवान की भक्ति में भाव अत्यधिक होने के कारण आपके यहाँ भक्तों की भीड़ लगी रहती थी, आपने अपनी भक्ति की महिमारूपी ध्वजा को बहुत ऊंचे तक फहराया। इससे पता चलता है कि रानी रत्नावती की छवि एक वैष्णव सन्त के रूप में विख्यात हो गई थी और साथ–साथ भानगढ़ की छवि भी वैष्णव

धर्म के केन्द्र में बदल गई। सम्भवतः आमेर शासकों ने रानी रत्नावती की वैष्णव भक्ति की महिमा की विरासत को बनाएँ रखने के लिए ही भानगढ़ की जागीर माधोसिंह के वंशजों में बनाएँ रखने का फ़ैसला लिया हो।

शहर बसने से पहले भानगढ़ की जगह नाथपंथी महात्मा बावलनाथ का आसन होता था। आसपास के स्थानीय लोग महात्मा के आसन पर अपनी श्रद्ध ाभाव अर्प्रित करने आते थे। पहाड़ से पानी का झरना लगातार बहता रहता था, जिससे यह इलाका हरा–भरा रहता था। पानी और घास की उपलब्धता के कारण गूज्जर लोग यहां पर पशु पालते थे। भानगढ़ बसने के बाद यहां की आबोहवा बदल गई। पूरा इलाका एक नये वातावरण में ढ़लने लगता है। चूंकि नया शहरी वर्ग सांस्कृतिक और धार्मिक दृष्टिकोण से भिन्न था। वह नाथपन्थ की विचारधारा से मेल नहीं खाता था। इसलिए महात्मा बावलनाथ की पूजा स्थली के प्रति भक्ति का रंग फीका पड़ने लगा। निःसंदेह भानगढ़ की बसाहट के बाद नाथपन्थ की विचारधारा को धक्का लगा। इसलिए भानगढ़ की बसाहट से संबंधित और किले के निर्माण से संबंधित अवधारणाओं को महात्मा बावलनाथ के प्रति धार्मिक द्वन्द्व के रूप में समझा जा सकता है। यहाँ महात्मा बावलनाथ की भक्ति की महिमा की अवहेलना को अवधारणाओं के माध्यम से बताने की कोशिश की गई है। बावलनाथ से जुड़ी पहली अवधारणा में बताया गया कि आमेर शासक भगवन्तदास को महात्मा

ने भानगढ़ शहर उजड़ने की पहले ही भविष्यवाणी कर दी थी। दूसरी अवधारणा में भी बावलनाथ के शिष्यों ने माधोसिंह को पहले ही चेताया था कि किले की परछाई यदि महात्मा की समाधि पर पड़ेगी तब शहर उजड़ जाएगा। इस प्रकार की अवधारणाओं का जन्म नाथपन्थ की विचारधारा का निरादर के उद्देशय से किया गया होगा जिसमें जनसाधारण को चेताया गया है कि नाथपन्थ की विचारधारा कितनी विनाशक है? दूसरी तरफ इन अवधारणाओं को हम नाथपन्थ की विचारधारा की ताकत के रूप में भी समझ सकते है। जिनमें यह बताया गया कि नाथपन्थी साधुओं की भविष्यवाणियों में कितनी सत्यता होती है, मगर इसमें कोई शक नहीं कि भानगढ़ की बसाहट से नाथपन्थ की विचारधारा को धक्का लगा था। यह तथ्य वैष्णव धर्म और नाथपन्थ की विचारधारा में द्वन्द के रूप में भी समझी जा सकती है।

राघवकृत भक्तमाल के एक टीका में बताया गया कि भानगढ़ में एक ब्राहमण का इकलौता जवान बेटा चल बसा। ब्राहमण का पूरा परिवार शोकाकुल हो गया। ब्राहमण को बताया गया कि नाथपन्थी साधु मोहन मेवड़ा तुम्हारे मरे हुए लड़के में सांस भर देगा और उसे जीवित कर देगा। यह सुनकर ब्राहमण अपने मरे हुए लड़के को मोहन मेवड़ा के आसन पर ले गया और हाथ जोड़कर ब्राहमण का परिवार विनती करने लगा। नाथपन्थी मोहन मेवड़ा ब्राहमण को बोला तुम्हारे लड़के को अभी इसी वक्त जीवित कर देते हैं। हम उसके शरीर में अपनी

साधना के मंत्र से सांसें भर देंगे। मगर हमारी शर्त यह है कि जीवित होने के बाद लड़का आपको हमें देना पड़ेगा अर्थात तुम उसे चढ़ाओगे। बात मानकर ब्राहमण हाथ जोड़कर विनती करने लगा कि पूरा परिवार ही हम आपके अनुयायी बन जायेंगे। इस टीके में मोहन मेवड़ा ब्राहमण को अपना अनुयायी बना रहा है और कह रहा है कि वैष्णव धर्म तुम्हें कष्टों व दुःखों से छुटकारा नहीं दिला सकता। नाथपन्थ ही तुम्हें कष्टों से मुक्ति दिला सकता है। यह संवाद हमें वैष्णव धर्म और नाथपन्थ की विचारधारा में एक ज़बरदस्त टकराव की ओर इशारा करता है।

भानगढ़ के इलाके में नाथपन्थ की विचारधारा पूर्व मध्यकाल से ही अपनी जड़े. जमाएँ हुए थी। ज़्यादातर गांवों में योगी साधु–सन्यासियों के आसन या समाधि पाई जाती हैं। अनेक जगहों पर आज भी उनके नाम के मेले लगते हैं। मीणा व गूज्जर जनजातियाँ नाथपन्थ की विचारधारा में ही पलती रही हैं। भानगढ़ की बसाहट के बाद रानी रत्नावती की वैष्णव भक्ति ने नाथपन्थ की विचारधारा को बड़ी चुनौती पेश की। इसके अलावा भानगढ़ के गांवों में बड़ी संख्या में गौड़ ब्राहमणों को बसाया गया था, जिन्होंने अनेक गांवों में हरि मंदिर बनवाएँ। गौड़ ब्राहमण मंदिरों की संस्कृति और धार्मिक कर्मकाण्ड व अनुष्ठानों से जुड़े हुए थे। इसलिए भानगढ़ के इलाके में गौड़ ब्राहमणों की भूमिका वैष्णव धर्म का प्रचार करने में अहम रही है। गाँवों में मीणाओं

का ब्राहमणों के साथ मेल–जोल से वैष्णव धर्म की ओर झुकाव बढ़ने लगा और ब्राहमणों द्वारा बनाएँ गए संस्कारों व धार्मिक अनुष्ठानों को मानने लगे। इस नये सामाजिक व धार्मिक ताने–बाने ने भानगढ़ के इलाके में नाथपन्थ की विचारधारा को काफ़ी कमज़ोर कर दिया।

जैसा कि हमने पहले कहा है कि भानगढ़ की जागीर प्राप्त करने के पीछे आमेर राज्य के राजनीतिक और आर्थिक हितों को बढ़ावा देना भी था। भानगढ़ और गाज़ी का थाणा का इलाका पूर्वी राजस्थान में कृषि पैदावार के दृष्टिकोण से बेहतर माना जाता था क्योंकि इन इलाकों में सरिस्का से अनेक छोटी–बड़ी नदियाँ आती हैं जिनसे जलस्तर ऊपर बना रहता है। पूर्व मध्यकाल से ही यह इलाका राजनीतिक रूप से बड़गूज्जर राजपूतों के वर्चस्व में रहा है। इसलिए इस इलाके में बड़गूज्जर राजपूतों ने अपनी ज़मींदारियाँ स्थापित कर ली थी। भानगढ़ की जागीर मिलने के बाद आमेर के कच्छवाह शासकों ने इस इलाके पर प्रशासनिक दृष्टिकोण से अपना आधिपत्य स्थापित किया। उसके बाद कानून–व्यवस्था के नाम से बड़गूज्जर राजपूतों को उनकी परम्परागत जमीदारियों से बेदखल कर दिया गया और उनकी जगह राजावत राजपूतों को भू–राजस्व इकठ्ठा करने का अधिकार देकर उन्हें नई ज़मीदारियां दी गईं। राजस्थानी दस्तावेज़ों से पता चलता है कि बड़गूज्जर राजपूतों के विरोध को दबाने के लिए कच्छवाह शासकों को अनेक सैनिक कार्यवाही करनी पड़ी। कच्छवाह शासक मुग़ल अमीर वर्ग के महत्वपूर्ण

हिस्सेदार होने के कारण इस इलाके पर उनका राजनीतिक वर्चस्व स्थापित हो गया, परिणामस्वरूप बड़गूज्जर राजपूत पूरी तरह हाशिये पर ला दिए गए। इस राजनीतिक आधिपत्य को बनाएँ रखने में भानगढ़ की विशेष भूमिका होती थी।

भानगढ़ के शासक (जागीरदार) माधोसिंह के वंशज ही बनते रहे। मगर बाद में भानगढ़ की जागीर ने माधोसिंह के वंशजों में एक राजनैतिक संकट पैदा कर दिया। हरिसिंह के बाद भानगढ़ की जागीर की दावेदारी को लेकर छतरसिंह और सुजान सिंह (माधोसिंह के बेटे) की औलाद एक दूसरे के खून के प्यासे हो गए। गैर अभिलेखीय दस्तावेज़ों में लिखा है कि सांवत सिंह (सुजान सिंह के वंशज) और काबली सिंह (छतर सिंह का वंशज) में हुक्का पानी का बैर हो गया। भानगढ़ की जागीर दोनों के बीच मूंछ बाल का सवाल बन गया। दोनों तरफ के राजावतों के बीच लड़ाई हुई, जिसमें अनेक राजपूत मारे गए। माधोसिंह का वंश आपस में लड़कर बर्बाद हो गया। इस लड़ाई में काबली सिंह मारा गया।

आमेर शासक सवाई जयसिंह ने इस विवाद को खत्म करने के लिए भानगढ़ की जागीर को दो हिस्सों में विभाजित कर दिया। दूसरी जागीर अजबगढ़ को बनाया गया। भानगढ़ की जागीर सांवत सिंह (सुजान सिंह के वंशज) को दी गई और अजबगढ़ का जागीरदार जसवन्त सिंह (काबली सिंह का बेटा) को बनाया गया। जसवन्त सिंह राजावत ने अजबगढ़ में छोटे से किले का निर्माण

किया। साथ–साथ वैष्णव मंदिर भी बनवाएँ। मगर इसके बाद भी विवाद खत्म नहीं हुआ, क्योंकि भानगढ़ की जागीर की दावेदारी हरिसिंह के बेटों ने की थी। उनका कहना था कि उनके पिता के बाद भानगढ़ की जागीर उन्हें मिलनी चाहिए। मगर सवाई जयसिंह ने उनके दावे को नकार दिया। सांवत सिंह की मृत्यु के उपरान्त भानगढ़ की जागीर उन्हीं के बेटों को दे दी गई। अर्थात भानगढ़ के शासक गुमानसिंह और जोधासिंह को बनाया गया। इससे हरिसिंह के दो बेटे सवाई जयसिंह से नाराज़ होकर मुग़ल दरबार में चले गए और उन्होंने इस्लाम धर्म अपना लिया और अपना नाम बदलकर मोहम्मद दहलीज़ और मोहम्मद कुलीच बन गए। उन्होंने औरंगज़ेब के दरबार में भानगढ़ की जागीर की दावेदारी की गुहार लगाई। मगर औरंगज़ेब ने इस मामले में कोई रूचि नहीं दिखाई और शायद कहकर कि आमेर का आन्तरिक झगड़ा है। सम्भवत् सन् 1714 ई. में सैयद बन्धुओं के सहयोग से मोहम्मद दहलीज़ और मोहम्मद कुलीच को भानगढ़ की जागीर मिली थी। क्योंकि अठसठा जमाबंदी दस्तावेज़ के अनुसार भानगढ़ सन् 1713 ई. तक आमेर राज्य में शामिल था। इसके बाद ही मोहम्मद दहलीज़ और मोहम्मद कुलीच भानगढ़ के शासक बनें। दोनों भाइयों ने भानगढ़ पर मुग़ल फौजदार की सहायता से जबरन कब्ज़ा किया था। इनकी सहायता के लिए नारनोल से मुग़ल फौजदार फौज के साथ आया था। सवाई जयसिंह ने इसका विरोध करने के लिए छज्जूसिंह (हरिसिंह का

बड़ा बेटा) को फौज के साथ भेजा गया था, मगर इस लड़ाई में छज्जू सिंह और जसवन्त सिंह (अजबगढ़ का जागीरदार) मारे गए थे। इस घटना से सवाई जयसिंह बहुत आहत हुए थे। मगर वे चुप रहे, क्योंकि इस समय मुग़ल दरबार की सत्ता उनके विरोधी सैयद बन्धुओं के हाथों में थी। इसलिए वे समय का इंतेज़ार करते रहे। यह अवसर उनको सन् 1720 ई. में मिला, जब मोहम्मद शाह नया मुग़ल बादशाह बना।

मोहम्मद शाह और सैयद अबदुल्ला के बीच सन् 1720 ई. में हसनपुर के स्थान पर एक निर्णायक लड़ाई हुई जिसमे मोहम्मद शाह विजयी हुए। मोहम्मद शाह के मुग़ल बादशाह बनने से मुग़ल दरबार की राजनीति का सत्ता संतुलन बदल गया। चूंकि इस लड़ाई में सवाईं जयसिंह ने मोहम्मद शाह का साथ दिया था इसलिए सन् 1720 के बाद सवाईं जयसिंह राजनीतिक रूप से काफ़ी शक्तिशाली बन गए थे। उन्होंने सेना भेजकर भानगढ़ पर आक्रमण कर दिया। इस हमले में मोहम्मद दहलीज़ और मोहम्मद कुलीच मारे गए, उनके साथ और भी लोग मारे गए। सेना ने भानगढ़ शहर को पुरी तरह से तहस–नहस कर दिया। कानून–व्यवस्था और सुरक्षा के कारण व्यापारी व महाजनों ने भी भानगढ़ को छोड़ने में ही अपनी भलाई समझी। सुरक्षा और अधिकारियों की अनुपस्थिति में शहर में लूट–खसोट आम हो गई। इस तरह से भानगढ़ शहर उजड़ गया। हालांकि भानगढ़ के सन् 1722 से 1728 ई. तक निरख बाज़ार दस्तावेज़ों से पता चलता है कि

स्थानीय महाजनों की अनाज, घी, तेल और गुड़ की दुकानें बची हुईं थीं। मगर बाहर से व्यापारिक वस्तुओं का आना बंद हो गया था। केवल स्थानीय लोग ही भानगढ़ में खरीद–फ़रोख्त के लिए आते थे। मगर कुछ पेशेवर लोग भानगढ़ में बाद तक बसे रहे। सन् 1783 ई. में भयंकर अकाल पड़ने से भानगढ़ पूरी तरह से वीरान हो गया। बचे हुए पेशेवर परिवार भी भानगढ़ छोड़कर चले गए।

महत्त्वपूर्ण प्रश्न यह है कि सवाई जयसिंह ने भानगढ़ उजाड़ने का फैसला क्यों लिया? मोहम्मद कुलीच और मोहम्मद दहलीज़ की मृत्यु के बाद फिर से भानगढ़ को क्यों नहीं बसाया गया? यह बहुत कठिन प्रश्न हैं, फिर भी हम ऐतिहासिक संदर्भ में इन्हें समझने का प्रयास करेंगे। भानगढ़ के कारण सवाई जयसिंह को बहुत अपमानित होना पड़ा था। मोहम्मद कुलीच और मोहम्मद दहलीज़ ने मुग़ल दरबार में सैयद अब्दुला और खानेदोरा (सवाई जयसिंह के विरोधी) की सहायता से भानगढ़ पर जबरन कब्ज़ा कर लिया था और लगभग सात वर्ष तक वे भानगढ़ के शासक बने रहे। इस घटनाकर्म से सवाई जयसिंह बहुत आहत हुए थे। दूसरे मोहम्मद कुलीच और मोहम्मद दहलीज़ ने इस्लाम धर्म अपनाकर आमेर के कच्छवाह घराने को कलंकित किया था। इसलिए इन दोनों भाईयों का मकबरा शहर की चारदिवारी के बाहर उत्तर पश्चिम की तरफ बनवाया गया। सवाई जयसिंह भानगढ़ को इसलिए भी कलंकित मानते थे क्योंकि भानगढ़ के कारण उसके पूर्वज माधोसिंह का वंश आपस में लड़कर नष्ट

हो गया। मोहम्मद कुलीच और मोहम्मद दहलीज का भानगढ़ पर अधिकार होने के बाद सवाई जयसिंह इसे अपवित्र नगरी के रूप में देखने लगे। इसलिए उन्होंने गोपीनाथ जी और केशोराय जी के मंदिरों की मूर्तियां सैथल, दामोदर का बास और गोला का बास के गांवों के मंदिरों में विराजमान कर दी गई। हालांकि मोहम्मद कुलीच और मोहम्मद दहलीज़ ने भानगढ़ के मंदिरों को किसी प्रकार की क्षति नहीं पहुंचाई थी और न ही मूर्तियों को विखंडित किया था। हो सकता है कि सवाई जयसिंह ने भानगढ़ के वैष्णव मंदिरों की मूर्तियों को ब्राहमणों के परामर्श से हटाकर इन गांवों में विराजमान किया हो। गोपीनाथ की मूर्ति सैथल गांव के मंदिर में विराजमान की गई थी। हम अपने मित्रों के साथ सैथल गांव के उस मंदिर में गये जहां पर भानगढ़ के गोपीनाथ जी की मूर्तियां विराजमान थीं। वहां के पुजारी ने हमें एक पुराना किस्सा सुनाया कि जब भानगढ़ से गोपीनाथ जी की मूर्तियों को एक रथ के द्वारा जयपुर ले जाया जा रहा था, उस समय रथ का पहिया सैथल के पास ज़मीन में धंस गया और तमाम कोशिशों के बावजूद भी रथ आगे नहीं बढ़ पाया। हमने पुजारी से पूछा कि इसका अर्थ क्या है? पुजारी ने कहा इसका मतलब यह था कि गोपीनाथ जी भानगढ़ के इलाके से बाहर नहीं जाना चाहते थे। रानी रत्नावती ने भानगढ़ में रहकर गोपीनाथ जी की परम भक्ति की है, इसलिए गोपीनाथ जी भी इस संकट के समय में भानगढ़ के इलाके को छोड़कर कहीं दूसरी

जगह नहीं जाना चाहते। इस प्रकार की धारणा गोपीनाथ जी के बारे में वहां के स्थानीय लोगों में बनी हुई है।

अब सवाल यह उठता है कि यदि भानगढ़ के वैष्णव मंदिर पूजा लायक नहीं रह गए थे। यदि सवाई जयसिंह चाहते तो वे भानगढ़ के बाहर रत्नावती के नाम से एक भव्य वैष्णव मंदिर का निर्माण करवा सकते थे और वहां पर मूर्तियों को विराजमान कर सकते थे। मगर उन्होंने ऐसा नहीं किया। सम्भवतः महाराजा सवाई जयसिंह नहीं चाहते कि रानी रत्नावती का नाम मीराबाई की तरह वैष्णव भक्ति से जुड़े। क्योंकि यह आमेर के शासक वर्ग के लिए कोई सम्मानजनक बात नहीं थी। उपर्युक्त तथ्यों को ध्यान में रखकर ही महाराजा सवाई जयसिंह ने भानगढ़ शहर को उजाड़ने को ही उचित समझा होगा।

गैर अभिलेखीय दस्तावेज़ों में लिखा है कि उजड़े हुए भानगढ़ के लोगों ने अठारह गांव बसाएँ। ये सभी गांव भानगढ़ के आसपास बसे हुए हैं, जैसा कि पिछले अध्याय में चर्चा की गई है। गांव बसाते समय अपने नए घरों को बनाने के लिए इन लोगों ने भानगढ़ के बाज़ार व अन्य इमारतों को तोड़कर भरपूर सामग्री का इस्तेमाल किया। इन लोगों को देखकर दूसरे लोग भी भानगढ़ की इमारतें तोड़–तोड़ कर ले जाने लगे। इनमें से कुछ लोगों ने तो धन की चाहत में मंदिरों की इमारतों को भी नहीं छोड़ा। इस तरह से भानगढ़ की इमारतों की सामग्री को लूटने का सिलसिला बीसवीं सदी तक चलता रहा तब तक भानगढ़ को भारतीय पुरातत्व विभाग ने अपने

संरक्षण में नहीं लिया था। जब भारतीय पुरातत्व विभाग ने भानगढ़ को अपने संरक्षण लिया, तब तक भानगढ़ पूरी तरह से खण्डहरों में तब्दील हो चुका था।

भानगढ़ उजड़ने के बाद इसकी बर्बादी से संबंधित अनेक अवधारणाएं बनने लगीं। भानगढ़ की बर्बादी से जुड़ी सबसे मज़ेदार और दिलचस्प कहानी सेवड़ा और रानी रत्नावती की है, जो भानगढ़ के परिसर में प्रर्यटकों को बताई जाती है। पहाड़ी के ऊपर बनी हुई छतरी में सेन्धा नामक सेवड़ा रहता था जो अपनी तांत्रिक विद्या के कारण पूरे शहर में मशहूर था। जादू–टोनों के कारण लोग उससे भयभीत भी रहते थे। वह रानी रत्नावती की सुन्दरता और व्यक्तित्व से प्रभावित था। एक बार उसने रानी को किसी विशेष सार्वजनिक कार्यक्रम में देख लिया, तब से वह रानी के प्रति मोहित हो गया और दिन–प्रतिदिन रानी से मिलने की उसकी चाहत बढ़ने लगी। एक दिन उसकी भेंट बाज़ार से लौटती हुई दासी से होती है। वह दासी से पूछता है कि तुम्हारें हाथ में क्या है? दासी ने कहा कि उसके हाथ में तेल का बर्तन है, जो रानी के लिए ले जा रही है। सेवड़ा ने दासी से तेल का बर्तन अपने हाथ में लिया और उसमें अपने मंत्र से कुछ जादू–टोना किया। सेवड़ा का मानना था कि जैसे ही रानी तेल लगायेगी वह तुरंत उसके पास चली आएगी। जब दासी ने तेल का बर्तन रानी को दिया तब रानी ने दासी से पूछा कि तेल का बर्तन किसी ने छुआ तो नहीं, तब दासी ने बताया कि तेल के बर्तन को सेवड़ा ने छुआ था,

जिनसे आते समय भेंट हुई थी। रानी को अपनी भक्ति की शक्ति से कुछ आभास हुआ और रानी ने दासी को तेल को बाहर चट्टान पर डालने के लिए कहा। जैसे ही तेल बाहर पड़ी चट्टान पर डाला गया, चट्टान हवा में उड़ी और सेवड़ा पर जा गिरी। जिससे सेवड़ा की मौत हो गई। सेवड़ा ने मरते समय यह अभिशाप दिया था कि शासक वर्ग के सभी लोग उसकी तरह बेमौत मरेंगे, जिससे शहर बर्बाद हो जाएगा। इस अवधारणा का संबंध रानी रत्नावती के परिवार से जोड़ा जाता है अर्थात भानगढ़ के कारण माधोसिंह का वंश नष्ट हो गया था। मगर यह कहानी बेहूदगी के अलावा और कुछ नहीं है। इस कहानी ने रानी रत्नावती की प्रतिष्ठा को धक्का पहुँचाया है। इस कहानी के आधार पर यूट्यूबर जाने कैसी–कैसी तस्वीरें बनाकर रानी की छवि पेश करते हैं। दरअसल रानी रत्नावती मीराबाई की भांति एक वैष्णव संत थी। वह पूरी तरह से श्री कृष्ण भक्ति के प्रति समर्पित थी। उन्होंने शाही महल के शान–शौकत और मोह–ममता को त्यागकर एक बैरागी का जीवन जीया था।

भक्तमाल की अपनी टीका में प्रियादास जी रानी रत्नावती के बारे में कहते हैं कि 'रानी रत्नावती बहुत बड़ी श्री कृष्ण भक्त थी। आपने भक्ति की महिमा रूपी ध्वज को बहुत ऊंचा फहराया हुआ थ। आपने मोह–ममता और पति प्रेम पूरी तरह से त्याग दिया था। आपका अधिकांश समय साधु–संतों के साथ सत्संग में व्यतीत होता था।' किले के पास ही एक सन्तशाला बनवाई गई थी, जिसमें

रानी साधु–संतों के प्रवचन और सत्संग का आनन्द लेती थी। रानी की वेश–भूषा भी साधुओं वाली होती थी। सिर के बाल कटवाकर मोडी बनकर रहती थी। वह किले के ऊपर बने आवास में रहती थी, जहां पर एक छोटा सा गोपीनाथ का मंदिर बनवाया हुआ था। वह शान्त भाव से भक्ति की मुद्रा में मूर्ति के सामने बैठी रहती थी। रानी रत्नावती ऐसे व्यक्तित्व की धनी थी। फिर रानी रत्नावती की छवि को एक आकर्षित और रूपवान राजकुमारी की तरह पेश करना, जिसको पाने के लिए सेवड़ा पागल हुआ घूमता रहता था, कितनी हास्यापद अवधारणा है? किले के पास पहाड़ी के ऊपर बनी हुई छतरी सेवड़ा की नहीं होती थी। दरअसल यह छतरी सुरक्षा के दृष्टिकोण से बनाई गई थी। ऊपर से दूर तक दिखाई देता था। हमला करने वाले दुश्मन की फौज दूर से दिखाई दे जाती थी। खतरे को देखते हुए सुरक्षा के सभी इंतजाम समय रहते हुए कर लिए जाते थे। ऊपर पहाड़ पर छतरी बनाने का यही उद्देश्य था। हो सकता है कि भानगढ़ में सेंधा नामक सेवड़ा रहता हो। अपनी तांत्रिक विद्या से जादू–टोनों से लोगों की बीमारियाँ व भूत–प्रेत से छुटकारा दिलाने में काफी लोकप्रिय रहा होगा।

अब महत्वपूर्ण प्रश्न यह है कि इस प्रकार की अवधारणाओं का आधार क्या है? ये कब प्रचलन में आई? इनका ऐतिहासिक पक्ष क्या है? तथ्यों की खोजबीन करने से पता चलता कि इन अवधारणाओं की शरूआत उन्नीसवीं सदी के प्रारम्भिक वर्षो में हुई थी और सम्भवतः ब्राहमणों द्वारा

नाथपन्थ को नीचा दिखाने के लिए ऐसी अवधारणाओं का जन्म हुआ था, अर्थात ये अवधारणायें वैष्णव धर्म और नाथपन्थ की विचारधाराओं के टकराव के परिणामस्वरूप प्रचलन में आई। इनमें यह बताने की कोशिश की गई है कि नाथपन्थ की धार्मिक विचारधारा विनाशक है और वैष्णव धर्म की विचारधारा सुख–शांति और सम्पन्नता की पोषक है।

मगर इस ऐतिहासिक तथ्य से बहुत कम लोग परिचित हैं कि भानगढ़ को उजाड़ने का फैसला महाराजा सवाई जयसिंह द्वारा लिया गया था। लोगों की भानगढ़ के इतिहास के प्रति इतनी रूचि नहीं है जितनी भूत–प्रेतों में है। यही वजह है कि भानगढ़ सुर्खियों में बना रहता है। टेलिविजन की दुनिया ने इसे बहुत ही रोमांचकारी बना दिया है। भूतों की घटनायें ऐसे चित्रित की जाती हैं जैसे की फिल्मों की कहानी बता रहे हैं। इसी रहस्य को समझने के लिए भानगढ़ में भीड़ लगी रहती है। जो भी व्यक्ति वहां जाता है, वह अपने साथ भूत–प्रेतों की कहानी लेकर आता है। भूत–प्रेतों के खौफ़ ने लोगों को इतना डरा कर रखा कि अंधेरा होने से पहले ही लोग भानगढ़ को छोड़ देते हैं। जब हमने भूत–प्रेतों के बारे में पूछा तब वहाँ एक नौजवान ने हमें बताया कि कुछ समय पहले दो लोग रात को किले में भूत देखने के लिए घुस गए थे। कुछ दिनों बाद उनमें से एक की मृत्यु हो गई। भानगढ़ में प्रर्यटकों को इसी तरह की बातें बताई जाती हैं। सच पूछो तो भूत–प्रेत भानगढ़

की राजनीतिक अर्थव्यवस्था के रूप में काम कर रहे हैं। अन्धेरा होने के बाद टूटे हुए खण्डहर डरावनी शक्ल में बदल जाते हैं। रात की शून्यता में हवा भी पहाड़ियों से टकराकर आवाज़ें सिसकियाँ भरती हैं। इस तरह के वातावरण में व्यक्ति अकसर बुद्धि का इस्तेमाल कम करता है और उसे कुछ रहस्यमय बातें अच्छी लगती हैं।

इसमें कोई शक नहीं है कि भानगढ़ में भूत–प्रेतों की छवि बीसवीं सदी में बनाई गई है। रात को जो लोग धन या सामग्री की चाहत में इमारतों को तोड़ने आते थे, सबसे पहले उन्होंने ही भूत–प्रेतों की कहानियाँ प्रचारित की थी। ऐसे लोग मज़दूर व मिस्त्रियों के साथ आते थे और देर रात तक इमारतें तोड़ते रहते थे। रात को अंधेरे में भानगढ़ की वीरानता ज़्यादा डरावनी लगती है। उन दिनों बिजली नहीं होती थी। इसलिए यह कार्य चान्दनी रात में ही ज़्यादा किया जाता था। ऐसी सुनसान जगह डरावनी लगना तो स्वाभाविक है। कभी कभी पहाड़ियों से हवाओं के टकराने से या फिर कुछ जंगली जानवरों की आहटें भी डराती रहती थी। यही वजह थी कि ज़्यादातर भूतों का सामना वहां इमारत तोड़ने वाले मज़दूर व मिस्त्रियों से ही हुआ है। भूतों से सामना कुछ ऐसे नौजवानों का भी हुआ है जो इन्हें चुनौती देते थे। उनसे जुड़ी कहानियां भी बहुत दिलचस्प हैं। रात के अलावा दिन में भी भानगढ़ के परिसर में भूत होते हैं, दिन के भूत को जिन्न कहते है। जिन्न ज़्यादातर कुंवारी लड़कियों, जो तेल लगाकर खुले हुए बालों से अपने प्रेमी लड़कों के साथ आती हैं, उनके

पीछे पड़ जाते हैं जिस से लड़कियों का जीना मुश्किल हो जाता है। शायद जिन्न की ज़रूरत इसलिए पड़ी थी कि एंकात की जगह देखकर यहाँ आनेवाले प्रेमी युगलों को डराया जा सके।

निश्चित तौर से भूत–प्रेतों की कहानियां भानगढ़ की जीवन रेखा की तरह काम करती हैं। यदि भानगढ़ उजड़ने के तुरन्त बाद भूत–प्रेत होते, तब लोग भानगढ़ की ईमारतों को डर से चोरी नहीं करते। जब भानगढ़ की ईमारतें पूरी तरह खण्डहर में बदल गईं, तब वहाँ पर भूत–प्रेतों का वास होता है। भूत–प्रेतों की कहानियों को भानगढ़ के पुरातत्व विभाग के अधिकारियों ने भी बढ़ा चढ़ाकर पेश किया है।

भानगढ़ को गूगल पर खोजने से पता चलता है कि भानगढ़ दुनिया की सबसे डरावनी और रहस्यमय जगह में शुमार है। टेलिविजन की दुनिया ने भानगढ़ को भूत–प्रेतों के आवास के रूप में पर्यटकों के लिए आकर्षण का केन्द्र बना दिया है। भानगढ़ सोलहवीं सदी के उत्तरार्ध में सरिस्का के अंतिम छोर पर अरावली की पहाड़ियों की वादियों में बसाया गया था। इस पुस्तक में भानगढ़ के बसाहट से उजड़न तक की कहानी को ऐतिहासिक संदर्भ में विश्लेषण किया है। संक्षिप्त विवरण में इस विश्लेषण का सार इस प्रकार है कि भानगढ़ की जागीर माधोसिंह के नाम मुग़ल बादशाह अकबर द्वारा प्रदान की गई थी। बाद में यह जागीर माधोसिंह के वंशजों को वंशानुगत तौर पर मिलती रही। माधोसिंह की पत्नी

रानी रत्नावती मीराबाई की तरह बहुत बड़ी वैष्णव भक्त थी जिन्होंने आमेर के राजमहल को छोड़कर भानगढ़ को अपनी भक्ति का केन्द्र बनाया। भानगढ़ के किले के ऊपर की मंजिल पर रानी रत्नावती का आवास बनाया गया, जहां पर वह आजीवन रही। यहां पर उन्होंने साधु–संतों के सत्संग के साथ मिलकर भानगढ को वैष्णव धर्म का महत्वपूर्ण स्थान बना दिया। सत्रहवीं सदी में भानगढ़ एक वाणिज्यिक और व्यापारिक केन्द्र के रूप में विकसित हो गया था, जहां पर बड़े–बड़े व्यापारी व महाजन लोग अपने व्यवसाय से खूब लाभ कमाते थे। मगर अठारहवीं सदी के प्रारम्भिक वर्षों में भानगढ़ का राजनीतिक संकट चरम पर था। भानगढ़ की जागीर की दावेदारी को लेकर माधोसिंह के वंशजों में आपसी कलह बढ़ती चली गई। दावेदारी के प्रलोभन से हरिसिंह के पुत्रों (माधोसिंह के वंशज) ने इस्लाम धर्म अपना लिया और वे मुगल प्रशासन की सहायता से सन् 1714 से 1720 ई. तक भानगढ़ के शासक बन गए। सन् 1720 ई. में सवाई जयसिंह ने भानगढ़ पर आक्रमण करके मोहम्मद कुलीच और मोहम्मद दहलीज़ की हत्या कर दी गई और भानगढ़ उजाड़ दिया गया।

इस घटना के बाद भानगढ़ वीरान होता चला गया। उजड़े हुए भानगढ़ से संबंधित अनेक अवधारणायें प्रचलित हो गई और भानगढ़ की पहचान भूत–प्रेतों के आवास के रूप में विकसित हो गई।

संदर्भ सूची

(1) अठसठा दस्तावेज़ परगना भानगढ़ संवत् 1769 / 1712

(2) सवाई जमानन्दी परगना भानगढ़ संवत् 1769 / 1712

(3) दस्तुरअल अमल परगना भानगढ़ संवत् 1769 / 1712

(4) चोत्रा कोतवाली परगना भानगढ़ संवत् 1770 / 1713

(5) हासील फरोही अठसठा दस्तावेज परगना भानगढ़ 1769 / 1712

(6) अर्ज़दासत दस्तावेज़ सावन वदि 5, संवत् 1742 / 1685

(7) अर्ज़दासत दस्तावेज़ संवत् 1747 / 1790

(8) अर्ज़दासत दस्तावेज़ मिति पोस सुदि 6 संवत् 1743 / 1686

(9) अर्ज़दासत दस्तावेज़ मिति फागुण वदि 2 संवत् 1743 / 1686

(10) अर्ज़दासत दस्तावेज़ मिति चैत सुदि 2 संवत् 1743 / 1686

(11) अर्ज़दासत दस्तावेज़ माह वदि 1, संवत् 1761 / 1704

(12) अर्ज़दासत दस्तावेज़ माह वदि 12, संवत् 1761 / 1704

(13) अर्ज़दासत दस्तावेज़ मिति भादवा सुदि 11, संवत् 1756/1699
(14) अर्ज़दासत दस्तावेज़ मिति मंगसर वदि 6, संवत् 1756/1699
(15) अर्ज़दासत दस्तावेज़ मिति भादवा सुदि 15, संवत् 1759/1702
(16) अर्ज़दासत दस्तावेज़ मिति चैत्र सुदि 8, संवत् 1760/1703
(17) अर्ज़दासत दस्तावेज़ मिति वैसाख सुदि 5, संवत् 1760/1703
(18) अर्ज़दासत दस्तावेज़ मिति पोष वदि 10, संवत् 1742/1685
(19) अर्ज़दासत दस्तावेज़ सावन सुदि 3, संवत् 1742/1685
(20) अर्ज़दासत दस्तावेज़ मिति जेठ वदि 4, संवत् 1742/1685
(21) अर्ज़दासत दस्तावेज़ मिति कार्तिक सुदि 4, संवत् 1744/1687
(22) अर्ज़दासत दस्तावेज़ मिति आसोज वदि 2, संवत् 1741/1684
(23) अर्ज़दासत दस्तावेज़ मिति कार्तिक वदि 3, संवत् 1741/1684
(24) अर्ज़दासत दस्तावेज़ मिति कार्तिक सुदि 6, संवत् 1746/1689

(25) वकील रिर्पोट मिति जेठ सुदि 11, संवत् 1771/1714
वकील रिपोर्ट मिति चैत्र सुदि 13, संवत् 1768/1710
(26) चीठी परगना मुहम्मदाबाद मिति फ़ागुन वदि 4, संवत् 1763/1706
(27) चीठी परगना गाज़ी का थाणा मिति कार्तिक वदि 13, संवत् 1840/1783
(28) खतूत अहलकारन मिति जेठ सुदि 12, संवत् 1749/1692
(29) खतूत अहलकारन मिति चैत्र सुदि 5, संवत् 1750/1693
(30) खतूत अहलकारन मिति फागुन वदि 7, संवत् 1748/1691
(31) खतूत अहलकारन मिति माह वदि 7, संवत् 1774/1717
(32) गैर अभिलेखीय दस्तावेज़ अलवर राज्य
(33) Non Archival Records, Alwar State, Bandak No. I, Granthank No. 180
(34) Non Archival Records, Alwar State, Bandak No. 5, Granthank No. 58
(35) Non Archival Records, Alwar State, Bandak No. 4, Granthank No. 104
(36) Non Archival Records, Alwar State, Bandak No. 5, Granthank No. 158

(37) Non Archival Records, Alwar State, Bandak No. 3, Granthank No. 18

(38) मुहणोत नैयनसी की ख्यात (अनुवादक) रामनारायण दुगड़ (संपादक) राय बहादुर गौरीशंकर हीराचन्द ओझा, भाग I, II, प्रकाशकः महाराजा मानसिंह पुस्तक प्रकाश शोध केन्द्र जोधपुर (राज.), 2010

(39) मेजर पाऊलैट, *अलवर राज्य का गैजीटियर*, 1878, London

(40) 'मानप्रकाश' (सम्पादक) पं. किशनलाल दुबे, राजस्थान प्राच्यविधा प्रतिष्ठान, जोधपुर, 1991

(41) James Tod, *Annals and Antiquities of Rajasthan*, vol. III, New Delhi: Low Price Publication, 1990

(42) A. Cunningham, *Archaeological Survey of India 1871–72*, vol. VI

(43) Dasrath Sharma, *Rajasthan through the Ages*, vol. I, Published by Rajasthan State Archives Bikaner, 2014

(44) गोस्वामी नारायणदास नाभाजी श्री प्रियादास *श्री भक्तमाल* (अनुवादक) स्वामी हितदास 'रसिक पद रेणु' हित साहित्य प्रकाशन श्री वृन्दावन

(45) राघवदास कृत भक्तमाल

(46) फ़ारसी फ़रमानों के प्रकाश में मुग़लकालीन भारत एंव राजपूत शासक, भाग–3

प्रकाशित, राजस्थान राज्य अभिलेखागार, बीकानेर, 2015

(47) K.L. Saini 'मेरे सपनों का संसार है सरिस्का' in *सृजन*, अलवर, 2005–06

(48) हनुमान शर्मा, *जयपुर राज्य का इतिहास* (प्रकाशक) शब्द महिमा प्रकाशन, जयपुरए 1996

(49) देवीसिंह मंडावा, *कच्छवाहों का इतिहास*, राजस्थानी ग्रन्थागार, जोधपुर, 2014

(50) रावत सारस्वत, *मीणा इतिहास*, प्रकाशक, एस.के. शर्मा संवत् 2057 / 2000

(51) जगदीश सिंह गहलोत, *कछवाहों का इतिहास*, प्रकाशक, यूनिक ट्रेडर्स, जयपुर, 2017

(52) रघुनाथ प्रसाद तिवारी, *मीणा समाज की कुलदेवियां*, प्रकाशकः राजस्थानी ग्रन्थागार जोधपुर, 2017

(53) जयपाल सिंह राठोड़, *बंजारों का सांस्कृतिक इतिहास*, प्रकाशकः राजस्थानी ग्रन्थागार जोधपुर, 2015

(54) महेन्द्र सिंह तलवाना, *बड़गूजर राजवंश*, प्रकाशकः श्री आयुवानसिंह स्मृति संस्थान, राजपूत सभा भवन, जयपुर, संवत 2073

(55) B.D. Chattopadhyaya, *The Making of Early Medieval India*, Second Edition, New Delhi: Oxford University Press, 2012

(56) Satish Chandra, *Parties and Politics in the Mughal Court, 1707–1740*, Delhi, 1959

(57) Dilbagh Singh, *The State, Landlords and Peasants: Rajasthan in the Eighteenth Century*, Delhi: Manohar, 1990

(58) Suraj Bhan Bhardwaj, *Contestations and Accommodation: Mewat and Meos in Mughal India*, New Delhi: Oxford University Press, 2016

(59) Mayank Kumar, *Monsoon Ecologies; Irrigation and Settlement Patterns in Rajasthan During the Pre-Colonial Period*, New Delhi: Manohar, 2013

चित्र 1: गोपीनाथ जी का वीरान मन्दिर

चित्र 2: भानगढ़ का वीरान किला

चित्र 3: वीरान जोहरी बाजार का दृश्य

चित्र 4: उजड़ी हुई बड़ी दुकान का दृश्य

चित्र 5: भानगढ़ का वीरान किला

चित्र 6: उजड़ी हुई मोड्डों की हवेली

चित्र 7: अजबगढ़ के उजड़े मकान

चित्र 8: भानगढ़ में पुराने पेड़ों का दृष्य

चित्र 9: भानगढ़ के मन्दिरों के पुरोहित के मकान का दृश्य

चित्र 10: उजड़ी हुई दुकानों के अवशेष

चित्र 11: महात्मा बावलनाथ की समाधि स्थल

चित्र 12: भानगढ़ के किले की प्राचीर

चित्र 13: एक खंडहर का दृश्य

चित्र 14: अजबगढ़ में वीरान रघुनाथ जी का मन्दिर

चित्र 15: भानगढ़ के भोमियों की मड़िंया

चित्र 16: भानगढ़ के अधिकारियों के उजड़े हुये कार्यालय

चित्र 17: भानगढ़ के पास एक झील

चित्र 18: अजबगढ़ में सुखी झील (सोम सागर) का दृश्य

चित्र 19: उजड़ी हुई दुकानों के अवशेष

चित्र 20: भानगढ़ परिसर में शिवमंदिर के पास
झरने के पानी का कुन्ड

चित्र 21: प्राचीन भानगढ़ के बारे में पहले से ही लिखा हुआ है

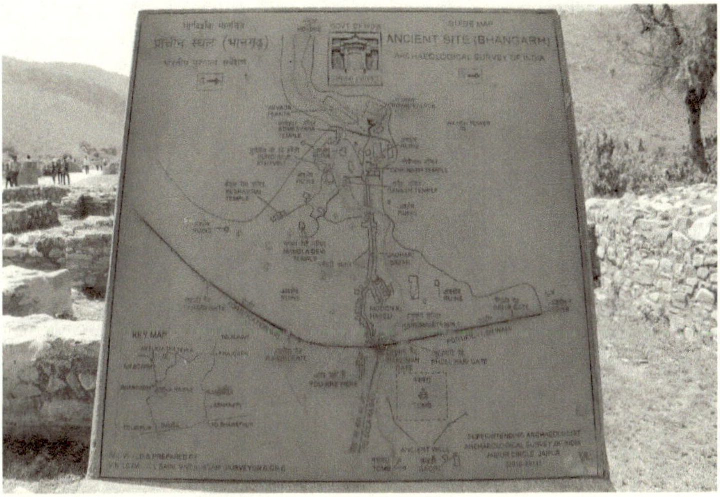

चित्र 22: भानगढ़ का मानचित्र

चित्र 23: उजड़े हुए भानगढ़ का दृश्य

चित्र 24: उजड़ी हुई दुकानों के अवशेष

चित्र 25: मोहम्मद कुलीच और मोहम्मद दहलीज का मकबरा

चित्र 26: रानी रत्नावती की उजड़ी हुई सन्तशाला

चित्र 27: रानी रत्नावती का उजड़ा हुआ किले के ऊपर आवास

चित्र 28: हनुमान पोल से किले की और जाने वाला मुख्य बाजार के अवशेष

चित्र 29: भानगढ़ में शिवमन्दिर (सोमेश्वर महाराज)

चित्र 30: जोहरी बाजार से उत्तर पश्चिम की तरफ का
उजड़ा हुआ बाजार का दृश्य

चित्र 31: चूना पीसने वाला ग्लाईन्डर

चित्र 32: उजड़े भानगढ़ का दृश्य

चित्र 33: भानगढ़ का पूर्वी द्वार

www.ingramcontent.com/pod-product-compliance
Lightning Source LLC
LaVergne TN
LVHW101236071026
849558LV00068B/448/J
* 9 7 8 9 3 6 6 2 7 8 4 5 2 *